U0516357

WITNESSING THE WHIRLING OF TIMES

A Collection of Lamps

灯盏千年

儒室灯堂 典藏老灯

韩钊 主编

文物出版社

图书在版编目（CIP）数据

灯盏千年：儒室灯堂典藏老灯 / 韩钊主编. -- 北京：文物出版社, 2023.10
ISBN 978-7-5010-8185-1

Ⅰ.①灯… Ⅱ.①韩… Ⅲ.①灯具—研究—中国—古代 Ⅳ.①K875.24

中国国家版本馆CIP数据核字（2023）第173144号

灯盏千年——儒室灯堂典藏老灯

主　　编　韩　钊

策　　划　柯晓雯
摄　　影　章　仝
绘　　图　刘军幸
英文翻译　张　晟
责任编辑　贾东营
责任印制　张　丽

出版发行　文物出版社
社　　址　北京市东城区东直门内北小街2号楼
邮政编码　100007
网　　址　http://www.wenwu.com
经　　销　新华书店
制版印刷　天津图文方嘉印刷有限公司
开　　本　889mm × 1194mm　1/16
印　　张　20.25
版　　次　2023年10月第1版
印　　次　2023年10月第1次印刷
书　　号　ISBN 978-7-5010-8185-1
定　　价　320.00元

本书版权独家所有，非经授权，不得复制翻印

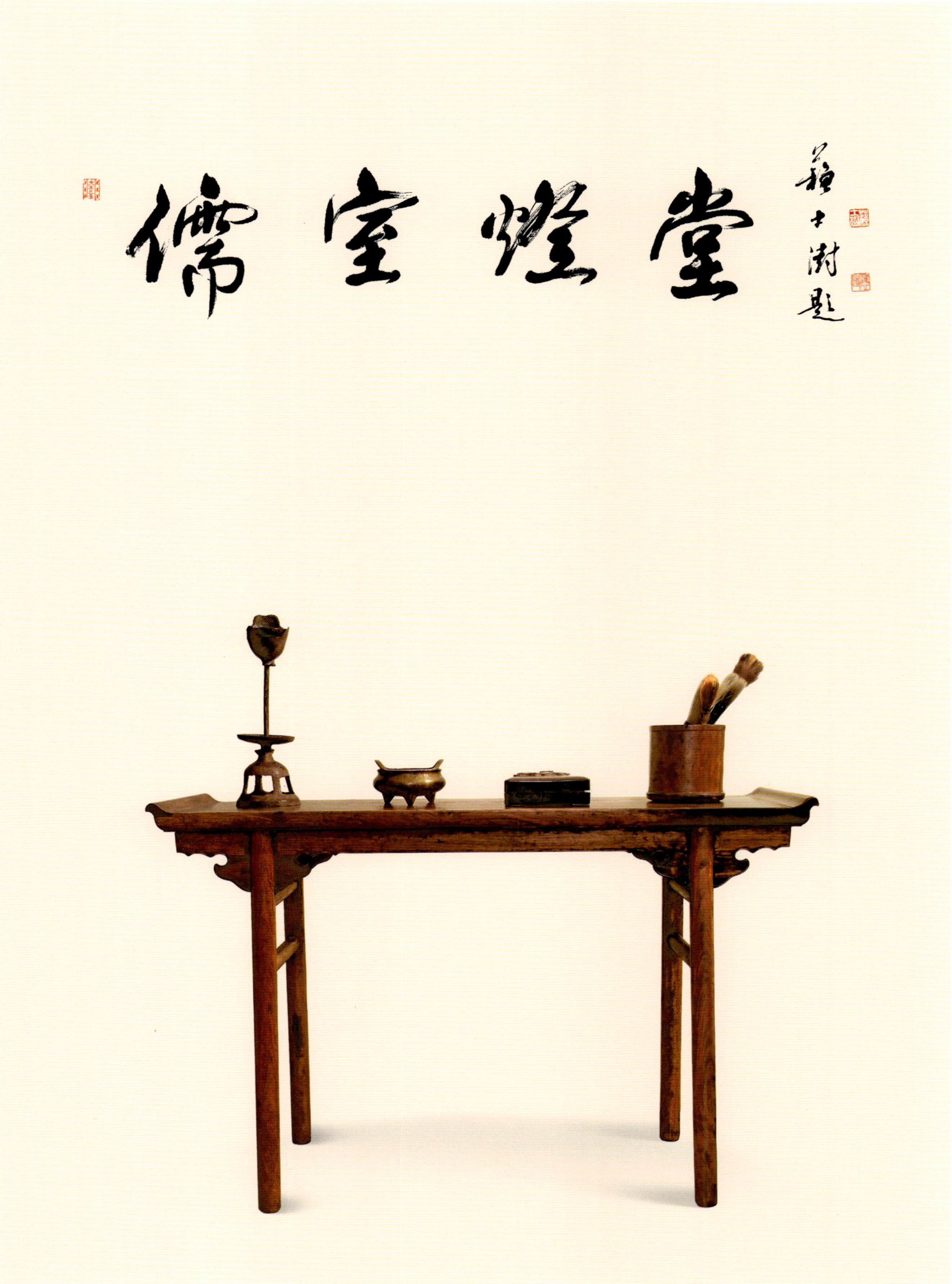
蘇士澍題

灯盏千年

儒室灯堂·典藏老灯

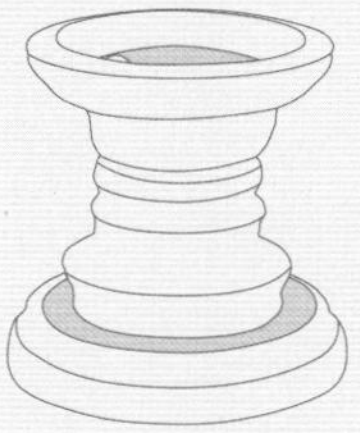

WITNESSING THE WHIRLING OF TIMES

A Collection of Lamps

目录 | CONTENTS

序言

PREFACE

在人类的历史上，灯是重大的发明。作为比火炬更安全有效的照明方式，灯的出现使人脱离了对自然光源的依赖，既改善了人的生活环境，也改变了人的生活方式。

几千年来，制灯工艺的演进一直伴随着人类物质文明的发展历程。制灯的材料从石头、陶瓷、金属、玻璃，直到现代的合成材料，灯的燃料从动物和植物的油脂、工业提炼的燃油，直到现代的电力，每一步都记录着科学和技术的进步。

灯不仅有照明的作用，还有艺术的功能，在带来光明的同时，装点了生活的环境。古往今来，形式各异的灯具也是历史和文化的生动写照，考古发现和存世收藏中的实例比比皆是。河南殷墟出土的商代灯柱上威猛的蟠龙既是典雅的装饰，又是王室威仪的宣示；河北战国中山王墓出土的多枝铜灯上灵动的猴子和灯座上投喂食物的侍者折射出鲜活的宫廷生活场景；陕西神木县汉墓出土的雁鱼灯的活动灯罩可以调节灯光，中空的雁颈可以排除烟尘，其巧妙的结构见证了古代匠人的智慧；据孙机先生考证，汉代陶灯上的飞鸟是太阳的象征，传递着远古思想的信息；南北朝时期饰有波斯连珠纹的青瓷灯和隋唐时代的胡人形石灯则是丝绸之路上中外频繁交往的反映。毫不夸张地讲，一部古代灯具的历史可以看作是整个中国古代历史的缩影。

韩钊女士生于考古之家，幼年即受到历史文化的熏陶，有志于考古和史学，“文革”后首批考入久负盛名的西北大学历史系考古专业，毕业后三次负笈东瀛，访学深造，开阔视野。历年来任职于陕西省考古研究所、汉阳陵考古陈列馆、陕西省文物交流中心、西安碑林博物馆，并负责考古杂志的编辑工作，既有丰富的田野工作实践，又熟读历史典籍。多年来潜心向学，著作甚丰。本书是她近年来的力作，是第一部论述中国古代灯具的专著，在叙述中国古代灯具发展的同时，旁征博引，涉及思想、制度、经济、社会、科学、技术、宗教、文化和中西交通诸方面的历史。语言深入浅出，叙事清晰有序，既为专业的学者提供了有益的参考，又为初学或是历史爱好者提供了入门的途径。

谨以此文祝贺韩钊女士新作的出版，并期待她有更多的著作问世。

孙志新

美国大都会艺术博物馆
亚洲部特聘中国艺术主任

自序

COLLECTOR'S PREFACE

玩灯已有近四十年了，以老油灯和烛台为主，数量有千件之多，材质有陶、瓷、铜、铁、锡、玉、石、玳瑁、玻璃、竹、木等，涉及中外，跨越的历史有两千余年。

闲暇之余，把玩摩挲，每每感慨万千，浮想联翩。此灯曾经照古人，不知每盏灯下，演绎过多少世事变迁，沧海良田。从添灯添丁、张灯结彩；到挑灯夜读十年寒窗；到洞房花烛、烛影摇红；到灯红酒绿、灯火辉煌；到醉里挑灯看剑，梦回吹角连营；再到古佛青灯、残灯影孤、风烛残年、烛尽光穷……

依稀记得小时候，第一次回老家，那时的乡村还没有电，也就自然没有电灯，家家都用油灯。一到晚上，我就围着忽明忽暗的油灯兴奋异常，睡觉时更是抢着吹灯，梦里也想据为己有。

在那物质贫乏的年代，凭票供应的“洋蜡”是必不可少的生活用品，但好像家里从来没有用过烛台，都是用一个“洋瓷缸子”或“洋瓷碗”翻过来，点燃“洋蜡”，滴两滴蜡油焊上充当烛台，全无审美情趣可言。

上学以后，不知什么时候，在哪里看到过，在旧时的欧洲，所有能够有幸发表的文学作品的酬劳，都是以“灯油钱”计算，并且有一套计算方式。欧洲的那些文学巨匠，当年所领到的都是“灯油钱”而非稿费、润格或是润笔。

也许这就是收藏油灯、烛台的缘起。后来，收藏的油灯、烛台慢慢多了，就将茅舍起名为“儒室灯堂”。期望自己能成为一个儒者；期望身为灯台，心为灯柱，照亮十方；期望盏盏老灯能“明灯高照”，一灯燃百千灯，照破一切无明痴暗，不再有“灯下黑”，不再有“只许州官放火，不许百姓点灯”。

儒室灯堂主人

儒室灯堂藏品考述

〔韩 钊〕

中国的灯具文化源远流长。中国的灯具起源于何时？目前学术界尚无定论。但普遍认为灯具起源的时间，大致在春秋晚期至战国早期。

灯具出现以前的照明方式，应当是火把。在中国新石器时代的建筑遗址中，曾发现有这样的遗存[1]。

早期的灯，通常认为是由食器中的豆转化而来的。上盘下座，中间以柄（柱）相连。《尔雅·饰器》曰：“瓦豆谓之登。”郭璞注：“即膏灯也”。据文献记载可知，灯具，实则是由古代食器或礼器中的豆，极有可能是陶豆，逐渐演变成了专门的照明工具。

最初称之为灯具的豆形灯，质朴简洁，保留着陶豆的基本形制，即：上为敞口浅盘，中间为高柄（柱），下为喇叭形圈足[2]。它应是中国古代灯具的原生鼻祖。这种起源于陶豆的豆形灯，不仅开创了中国古代灯具光辉灿烂的历史，也是中国古代灯具发展的基石。

可以说后世绝大多数的灯具，均由这种豆形灯演化而来。其千变万化的灯具形制，也只不过是在灯柄上做了些改良，而灯盘与灯座，始终离不开豆形灯的基本造型风格。

本书收录儒室灯堂收藏自战国至近代中国各个历史阶段的灯具共257件（组），这些灯具无论从造型还是质地上，都具有鲜明的时代特征，亦不乏精品。

如此典雅脱俗异彩纷呈的各式灯具，为我们进一步认知古代社会的生活场景和灯具文化的丰富内涵，提供了极其生动的实物资料。我们将以时代为序，对儒室灯堂的灯具藏品做出考述。

壹｜战国秦汉时代灯具

古代灯具发展至战国秦汉时期，呈现出多样式及多元化的繁荣景象。由于古代盛行“事死如生”的丧葬制度，考古发掘中出土的灯具尤为突出。这一时期的灯具，数量众多，种类齐全，质量精美，奠定了中国古代灯具发展的基本脉络。而战国秦汉时代的灯具，依据考古资料归纳起来，可以按照造型与质地对其进行分类。

首先，按照灯具的造型可以分为两大类：即像生形灯具和像物形灯具两种[3]。

第一种像生形的灯具，是模仿人或动物的灯，种类有人俑灯、凤鸟灯、雁足灯，以及象征树花的多枝灯等。这些灯的造型生动，制作精巧，有的还以错金银、鎏金银等工艺为其装饰，极尽奢华。

第二种像物形的灯具，即模仿器物的灯，最为常见的是来自食器或礼器的豆形灯，它们简朴实用，蔚为大观。

其次，战国秦汉时代灯具的材质也多种多样，这一时期的灯具按照质地进行分类，可以分为陶制、青铜制、铁制、玉石制等几大类[4]。

儒室灯堂的藏品中，属于这个时期的藏品也极为丰富，我们分为战国和汉代两个部分来论述之。

一、战国时期

儒室灯堂收藏有战国时代的灯具 2 件：鸟柱盘形陶灯和勾连纹错银豆形玉灯。

通常认为，像生形的鸟形灯，是动物形灯中出现最早的灯具。其特点是在灯具上塑有鸟形。儒室灯堂收藏的鸟柱盘形陶灯（图 1），陶制，深盘，盘中无烛钎，但有一向上伸出的鸟柱。此灯与洛阳韩城战国墓出土的鸟柱盘形陶灯相似（图一），故推定儒室灯堂的这件灯具时代应属于战国时代[5]。

儒室灯堂还收藏有一件勾连云纹错银豆形玉灯（图 2），玉灯由灯盘、灯柱和灯座三部分组成。灯身布满纹饰并有错银工艺，华贵而不失优雅。圆形灯盘的盘心，凸起五瓣花形的灯台，可能为放置灯芯所用。灯柱中部束腰，饰有云纹。灯座呈喇叭形，上饰有柿蒂纹。其豆形玉灯，玉质温润，磨制光滑。纹饰线条自然流畅，构图绝妙。在古代灯具中极为罕见。

故宫博物院藏品中有玉灯一件，与儒室灯堂收藏的玉灯形制相同，据专家考证，故宫博物院的玉灯年代属于战国时期[6]。因此，儒室灯堂收藏的这件勾连云纹错银豆形玉灯，时代推定为战国时期。

〔1〕陈斌：灯具的鼻祖—四千年前窑洞的壁灯，文物天地，1989：2。

〔2〕洛阳市第二文物工作队、宜阳县文物保护管理所：洛阳市宜阳县元村战国墓发掘简报，文物，2003：9。

〔3〕叶小燕：战国秦汉的灯及其有关问题，文物，1983：7。

〔4〕李侃：战国秦汉灯具研究，西南大学硕士学位论文，2011. 第 12 页。麻赛萍：汉代灯具研究，复旦大学博士学位论文，2012 第 15 页。

〔5〕洛阳市第二文物工作队：洛阳韩城战国墓发掘简报，文物，2002：11。

〔6〕孙建君 高丰：古代灯具，山东科学技术出版社，1998，第 20 页。

儒室灯堂收藏的这两件战国时代的灯具，均是这个时期灯具中之精品。特别是勾连云纹错银豆形玉灯，甚为罕见。

图一　鸟柱盘形陶灯

（源自王强著：《流光溢彩——中国古代灯具设计研究》，第33页，江苏大学出版社，2009年。）

二、汉　代

儒室灯堂收藏的汉代灯具颇多，共有26件。以材质进行分类，计有陶灯14件，青铜灯9件，铁灯2件，石灯1件。特做出考释。

1. 陶灯 14 件

陶灯从灯具的造型来分，有像生形的多枝灯具以及像物形的豆形灯具。

像生形的陶灯共有2件。即多枝形陶灯（图3）及鸟形盘状陶灯（图4）。

多枝灯，顾名思义，它的造型取自树木的造型。因为古代人们普遍认为树是天地之间的纽带。汉代，这种装饰性极强的灯具迅速发展。多枝形灯具的造型一般都是伸出弯曲程度不同的枝干，枝头托起灯盘，灯盘数目从3到15不等。儒室灯堂收藏的有三个灯盘的彩绘陶灯，即为多枝灯。

儒室灯堂收藏的1件鸟形盘状陶灯，其灯盘上有鸟形装饰，虽然这种灯具不多见，但河南陕县刘家渠汉墓中，出土有灯盘上有孔雀形体装饰的陶灯，这些有鸟形装饰的灯具，应是被当时的人们赋予了多重复杂的象征意义。

多枝灯和灯盘上堆塑动物形象的灯，是西汉晚期至东汉时期新出现的一种灯具，因此，我们推定儒室灯堂收藏的这两件灯的年代，属于西汉晚期至东汉时期的灯具。

像物形的豆形灯，它从出现伊始，自身就一直在演变。因其出现时间最早、结构相对简单，所以分布面广而数量多，在中国古代灯具历史上，占有极其重要的一页。虽非珍品，却是最常见的灯具，特别是普通百姓家中，更是缺之不可。

秦汉时期豆形灯的造型由灯盘、灯柄、灯座组成，多以陶质为主，也有铜质与铁质的豆形灯流行。秦始皇帝陵东侧的马厩坑，就曾出土有一件浅盘、高柄（柱）、喇叭口圈足底座的陶质豆形灯[7]。

汉代的豆形灯造型来源于战国秦时期的豆形灯。而这一时期陶质的豆形灯，又多属于汉代墓葬中的明器。

儒室灯堂收藏的豆形灯，共有12件，其造型端庄素雅，自然和谐。

我们将其细分为灰陶灯、彩绘陶灯、釉陶灯等三种类型。

豆形灰陶灯1件（图5），浅盘、灯柱为圆柱形，底座略呈喇叭形。盘口沿面

〔7〕
秦俑坑考古队：秦始皇陵东侧马厩坑钻探清理简报，考古与文物，1980：4。

模印菱形图案，底座的表面模印三角纹。西安雅荷城市花园117号墓，出土有相似的陶灯，该墓葬年代属于西汉[8]，故推定儒室灯堂收藏的灯具年代为西汉时期。

豆形彩绘灯1件（图6），浅盘直口，灯柱为圆柱形，较细，灯座呈喇叭形。西北医疗设备厂28号墓出土有这种类型的素面陶灯，该墓葬年代属于西汉[9]，而且西汉陶器中饰彩绘者居多，故推定其灯具年代为西汉时期。

从汉代开始，釉陶器发展迅速。目前考古发现最早的釉陶器，是出土于西安西北医疗设备厂170号墓中的褐釉陶灶等器物[10]，该墓葬时代为西汉早期。

西汉中期以后釉陶器逐渐流行，早期的釉陶器多饰黄褐或绿色等单色釉，且黄釉的器物年代早于绿釉器。西汉晚期则出现了酱红色釉陶器。东汉时期盛行绿釉陶器。

汉代的釉陶器质地松软，釉色易脱落，实用性差，多见于墓葬的随葬品，故普遍认为釉陶器大多都属于明器[11]。

儒室灯堂收藏有豆形釉陶灯共10件。

豆形酱黄釉灯3件（图7、图8、图9），均为素面。这些釉陶灯，器表通施酱黄釉，釉面有光泽。它们与西安三兆殡仪馆3号墓出土的酱黄釉陶灯相似，该墓葬年代属于西汉时期[12]，故这3件陶灯的年代也应为西汉时期。

豆形酱红釉灯3件（图10、图11、图12），均为素面。酱釉的出现，依据现有的考古资料，是在西汉晚期，故这些灯具的年代属于西汉时期晚期[13]。

豆形绿釉灯1件（图13），其灯座上模印有动物图像。西安市电信局第二长途通信大楼110墓曾有绿釉陶灯出土，而且在灯座上，模印了两条龙的形象，其灯具的年代属于西汉晚期至新莽时期[14]。同理，图14和图15的这2件狩猎纹豆形灯，因其底座使用了模印工艺，饰有狩猎纹，推定其年代亦属于西汉晚期至新莽时期。

儒室灯堂还收藏有豆形酱釉灯（图16）1件，它因盘中立有烛钎，应属于烛灯一类。目前考古发现最早的陶烛灯，出土于陕西安康一里坡战国墓中[15]，形制亦为豆形灯，灯盘内立四枚乳突状支钉，由于中心支钉较大，可定其为烛钎。我们依据这件酱釉豆形灯的釉色和造型来看，推定其时代应属于西汉晚期至东汉时期。

汉代就灯具的点燃方式而言，可分为油灯与烛灯两种。油灯，是指灯盘中没有烛钎的灯具。而烛灯，则是指在灯盘上插“烛”的灯，这种灯具通常在灯盘中立有烛钎。

汉代灯具的燃料种类丰富，已有牛油、麻油等，从形态上看，可以分为液体燃料和固态燃料。在使用过程中，又分为软质灯芯和硬质灯芯。

软质的灯芯是将草浸入液态植物性油的油灯中，点火灯芯顶端，这就是油灯。

固态的燃料，则是把油脂附着在竹条芦苇等硬质灯芯上，制成烛插于烛钎上，用于照明，可称其为烛灯[16]。

〔8〕西安市文物保护考古所 郑州大学考古专业：长安汉墓（上），陕西人民出版社，2004，第362页。

〔9〕西安市文物保护考古所：西安龙首原汉墓，西北大学出版社，1999，第56页。

〔10〕西安市文物保护考古所：西安龙首原汉墓，西北大学出版社，1999，第166页。

〔11〕张宏彦：中国考古学十八讲，陕西人民出版社，2008，第438页。

〔12〕西安市文物保护考古所 郑州大学考古专业：长安汉墓（上），陕西人民出版社，2004，第725页。

〔13〕张宏彦：中国考古学十八讲，陕西人民出版社，2008，第438页。

〔14〕西安市文物保护考古所 郑州大学考古专业：长安汉墓（下），陕西人民出版社，2004，第609页。

〔15〕李启良：陕西安康一里坡战国墓清理简报，文

（注释见下页）

儒室灯堂收藏的汉代豆形陶灯中，包括有汉代11件油灯和1件烛灯。可谓收齐汉代流行的油灯与烛灯两种灯具形式，为汉代的灯具史增添了若干有参考价值的实例。

2. 青铜灯9件

青铜在商周时期用于制作礼乐器与兵器，服务于祭祀与战争这类“国之大事”。到了大统一的汉代，依据考古资料可知青铜制品中，礼乐兵器锐减，而生活用具却大增。青铜灯具，就是汉代创新的生活用具之一。

汉代青铜灯式样甚多，究其分类，依然沿袭了陶灯的分类标准，分为像生形铜灯和像物性铜灯〔17〕。

像生形铜灯多仿制人物、动物、植物等造型，种类较多。这些灯具在兼具实用性的同时，还有很高的审美价值、历史价值和科技价值。

汉代的人物形造型灯具中，最为精美的是中外瞩目的河北满城汉墓出土的鎏金长信宫灯，这盏长信宫灯，其宫女双臂安排的极为得当，右臂内为烟管，左臂支撑灯座，设计富于巧思，风致精致，堪称汉代灯具中之珍品。

长信宫灯这类灯具，依据其功能又称之为釭灯。

陕西历史博物馆也收藏有1件釭灯，它是仿照动物造型的雁鱼灯。其灯的油烟会顺着大雁的颈部（烟管）导入雁的腹中，因雁的腹部盛有清水，故油烟会溶于水中。

釭灯主要特征，是因为它们都配有烟管。而烟管灯具的产生，可起到净化空气，减少污染的作用。

像长信宫灯、雁鱼灯这类造型多样，构造精细的铜质釭灯的出现，不仅是汉代灯具在功能上最先进的发明创造，也是汉代人奇思妙想的杰作。

此外，汉代仿照植物造型的多枝青铜灯也极其华丽。有的多枝铜灯高达1米左右。灯盘分层错落安置，燃灯之后，灯火交相辉映，犹如花树。尽显豪华与气派。但像这样贵重的灯具，属于皇亲贵族的用品，它自难进入寻常百姓家的。

像物形铜灯取材于日常的器皿或对其有所改良，更注重简朴与实用，按照仿制器物的形制，又可以分为豆形灯、行灯等多种类型。

儒室灯堂收藏有汉代的铜灯9件，为豆形灯和行灯。

豆形灯有5件，又可分三式：烛灯3件，油灯1件、带罩灯1件。

豆形青铜灯2件（图17、图18），由灯盘、灯柱和底座三部分组成。灯盘为浅盘状，中心部位有一烛钎，灯柱为圆柱形，呈竹节状或葫芦状。灯座为喇叭状或托盘状。陕西咸阳马泉西汉晚期墓出土有图17、图18的这种类型灯具，故推定儒室灯堂的这2件灯具时代为西汉晚期至东汉时期〔18〕。

图19亦为豆形青铜灯，灯盘内原立有三烛钎，现只存两烛钎，灯柱为葫芦状。应属于烛灯。西汉南越王墓出土有类似附带三烛钎的豆形豆形灯，由此推定这件灯的年代为西汉时期〔19〕。

（注释接上页）

物，1992：2。

〔16〕
麻赛萍：汉代灯具燃料与形制关系考，考古与文物，2019：1。

〔17〕
周畅：战国秦汉青铜灯具初步研究，复旦大学硕士学位论文，2010，第8页。

〔18〕
咸阳市博物馆：陕西咸阳马泉西汉墓，考古，1979：2。

〔19〕
广州市文物管理委员会、西汉南越王墓，文物出版社，1999，第288页。

豆形青铜灯 1 件（图 20），灯盘中无烛钎，即为油灯。西安西北医疗设备厂 170 号墓出土了一件同形制的青铜灯，故推定这件青铜灯的时代为西汉时期[20]。

豆形带罩青铜灯 1 件（图 21），在安徽巢湖北头山汉墓中，出土有一件相似的铜灯，只不过此铜灯的灯罩分为三个扇面，可以打开使用。由此推定儒室灯堂收藏的这灯具年代也应为汉代[21]。

行灯也是汉代流行的一种灯具。造型简单。这种灯实则是用手提执着，在行走中照明用的灯具，为了利于携执，便在灯盘外壁装有一个伸出的长柄。

行灯的名称，来自灯的铭文。山西朔县汉墓曾出土的一件行灯，灯盘外壁铭文为：成山宫行镫重二斤五凤二年造第卌三[22]。五凤为西汉宣帝年号，五凤二年即公元前 54 年。“行镫”亦即行灯。像这样自铭为行灯的灯具，传世与出土都有，且数量不少。

儒室灯堂收藏有青铜行灯 3 件（图 22、图 23、图 24）。这些行灯，其最基本形制都是在灯盘的一侧装有长柄。

图 22 的青铜行灯，灯盘为浅盘，盘中心有一烛钎，灯盘下附有三足。从一足上方伸出弓形长柄。广西平乐银山岭汉墓曾出土这种形制的灯具[23]。因此，这件灯具时代推定为汉代。

图 23 的青铜行灯，浅盘，盘中心有一烛钎，灯柱为圆柱形，喇叭形底座。底座绘有柿蒂纹。灯盘边有一柳叶形状的柄。山西浑源县毕村西汉墓出土有相似灯具，因此，该灯时代推定为西汉晚期[24]。

图 24 的青铜行灯，呈长方形带盖盒状，这种灯被称为盒子灯，即将盛油的容器和兼作盖子用灯之间连以关捩，由于这个活动轴的原理与辘轳的功能十分接近，它也被金石学家称为“辘轳灯”。应当属于汉代行灯的一种[25]。

图 25 的青铜行灯，是一种另类的行灯。也可以称之为熏炉灯，其造型为在带有三足的灯盘上，加上了透雕菱形网格的灯罩，看起来像熏炉，但由于它的灯盘中有烛钎，灯盘边还附有柄，故应认为它是汉代行灯中一种特殊形制的灯具[26]。

3. 铁灯 2 件

汉代铁质灯具的数量，与陶质灯具和青铜质灯具相比发现较少。儒室灯堂中收藏的 2 件铁灯，分属 2 种类型。图 26 为铁行灯，图 27 为铁吊灯。

西安邮电学院长安校区东汉墓中[27]，曾出土铁行灯 1 件，灯盘为浅盘，盘中心有一烛钎，灯盘下附有三足。从灯盘上伸出一短柄。灯盘外底的三足内侧饰两周凸弦纹，内饰柿蒂纹。儒室灯堂收藏的（图 26）铁行灯与其形制相似，故推定此铁行灯年代为东汉时期。

儒室灯堂收藏（图 27）的铁灯，为三足铁吊灯，其浅盘三足的造型，曾在洛阳市机车厂东汉墓也有出土，故推定此这件铁灯年代也应为东汉时期[28]。

〔20〕西安市文物保护考古所：西安龙首原汉墓，西北大学出版社，1999，第 173 页。

〔21〕安徽省文物考古研究所、巢湖市文物管理所：巢湖汉墓，文物出版社，2007，第 101–103 页。

〔22〕申云艳：汉代铜灯初步研究，汉代考古与汉文化国际学术讨论会论文集，齐鲁书社，2006，第 350 页。

〔23〕文物工作队：平乐银山岭汉墓，考古学报，1978：4。

〔24〕山西省文物工作队、雁北行政公署文化局、大同博物馆：山西浑源毕村西汉木椁墓，文物，1980：6。

〔25〕孙机：汉代物质文化资料图说，文物出版社，1991，第 352 页。

〔26〕孙机：汉代物质文化资料图说，文物出版社，1991，第 353 页。

〔27〕西安市文物保护考古所：西安东汉墓，文物

（注释见下页）

4. 石灯 1 件

汉代的石灯出土数量极少，除内蒙古扎赉诺尔出土有东汉鲜卑族实用石灯外[29]，其他地区所见石灯的形制几乎全为豆形灯。

地域上看，石质灯具首先在广西和湖南两地出现[30]。而陕西墓葬出土的灯具资料中，唯独不见石灯，因此难以进行横向比较。儒室灯堂收藏的（图 28）这件豆形石灯，从其造型来看，推定为汉代。

战国秦汉灯具是中国古代灯具发展史上的第一个高峰，种类繁多，造型美观。与此同时，从灯具的形态上也可以确定这一时期灯具的燃料可分为液态燃料和固态燃料，使用时，液态燃料常用于不附带烛钎的灯具，通过点燃软质灯芯照明就成了油灯；用固态燃料可用硬质灯芯制成烛，插于灯盘的烛钎上就成了烛灯[31]。反映在灯具的类别上，也就有了油灯与烛灯之分。

儒室灯堂所收藏的战国秦汉时期的这批灯具，能够反映出古代人们的生活日常与文化风貌。而这些内容，都是我们通过上述灯具，这样一种日常生活中的必备器物中得到的认识。

贰｜魏晋至清末民初的灯具

魏晋至清末民初，这一时期灯具在材质上最大的变化是，青铜灯具走向衰落，代之而起的是陶瓷灯具成了主体。由于材质的改变，这一时期灯具在造型上也发生了较大的改变。如秦汉时期流行的豆形灯之烛灯（烛钎）逐渐消失；灯具的新贵烛台闪亮登场，烛台的出现，一方面作为照明工具流行于世，另一方面它也逐步成了祭祀和喜庆等活动的必备用品。自此，油灯（或称灯盏）与烛台并列成为中国灯具的两种形式，连绵不绝，延续至今。

隋唐时期，由于经济的繁荣，灯具走出居室，即实用兼装饰的宫灯与彩灯成了新型的灯具形式。而瓷灯也因造价低廉在民间广为普及。

与两汉时期的灯具相比，宋元时期照明的燃料发生了重大变化，我国历史上除电力之外的所有照明材料都已出现并且逐步使用。动物油脂虽延续前代继续使用着，但实际上植物油和蜡烛已经成为主要的照明材料。还有的个别地区已率先用石油当作照明材料了。同时，宋代还出现了著名的“省油灯”这种灯盏。

灯具发展到了明清至民初，其制作的表现手段更为多样，最突出的是烛台，质地丰富，绚丽夺目，成为灯具发展史中一朵耀眼的奇葩。

儒室灯堂收藏有这一时期的灯具 71 件（组），其中灯盏 44 件（组）、烛台 27 件（组）。绝大部分的灯具为陶瓷器。也有少量的铜、铁、锡、木、石、竹质等灯具，略作评述。

（注释接上页）

出版社，2009，第 850 页。

〔28〕洛阳市文物工作队：洛阳发现四座东汉玉衣墓，考古与文物，1999：1。

〔29〕李文杰：内蒙古扎赉诺尔出土的东汉拓跋鲜卑石灯，文物春秋，2003：3。

〔30〕麻赛萍：汉代灯具研究，复旦大学博士学位论文，2012，第 47 页。

〔31〕麻赛萍：汉代灯具燃料与形成关系考，考古与文物，2019：1。

一、灯 盏

儒室灯堂收藏有魏晋时期的豆形陶灯 2 件（图 29、图 30）。这两件灯盏，虽一件为绿釉灯，一件是灰陶灯。但其形制相似。灯盘与灯座相连，灯柱均为上细下粗的实心柱。此造型陶灯，形制同于江苏徐州大庙晋汉画像石墓出土的铁灯[32]和青海省互助县高寨魏晋墓出土的陶灯[33]。

佛教自东汉传入中国后，人们就把这种精神信仰寄托于现实生活中。莲花是佛教的象征物，以莲花来比喻佛教是其表现方式。因此，魏晋南北朝隋唐时期，由于佛教的盛行，莲花也就成了灯具重要的装饰题材。一般来讲，灯座部分装饰“覆莲”，灯碗的部分装饰“仰莲”。宋代开始，莲花纹饰变为辅助纹样，这些都是“器以载道”的宗教思想在灯具装饰上的反映。

目前考古发现时代较早的莲花瓷灯，是山西博物馆收藏的北齐武平二年（571 年）徐显秀墓出土的莲花黄绿釉瓷灯。瓷灯有灯碗、灯柱及灯座，灯碗外壁饰有仰莲瓣，灯座饰有覆莲瓣[34]。

儒室灯堂收藏也有仰莲酱釉陶灯 1 件（图 31）。此灯由灯碗、灯柱、喇叭形灯座组成。灯碗外壁饰有二层仰莲瓣，属于莲花瓷灯的一种。其莲花呈贴花装饰，具有浮雕的艺术效果，堪称珍品。儒室灯堂收藏的这件陶灯，从釉色及造型来分析，应为北朝至隋时的灯具，因此推定为隋代。

唐代，是中国陶瓷工业大发展的时期。人们常用“南青（瓷）北白（瓷）”来概括唐代瓷业的特点。瓷制品的广泛使用，自然而然地影响到了灯具的发展，唐代的瓷灯，也就具备了釉色多样这一特点。

儒室灯堂收藏有唐代瓷灯 4 件（图 32、图 33、图 34、图 35）。

图 32 为白釉瓷灯，灯碗为敞口宽沿、折腹、圈足。内无釉，外饰白釉，釉色青中泛白，足露胎。唐代黄堡窑遗址有这类白釉瓷灯出土[35]，故此灯具时代应为唐代。

图 33 为黑釉瓷灯，灯碗为敛口包沿、弧腹、圈足。内无釉，外饰黑釉，足露胎。唐代黄堡窑遗址多有这类黑釉瓷灯出土[36]，故灯具时代应为唐代。

图 34 和图 35 分别为青釉与酱釉瓷灯，从釉色、弧腹和圈足的造型来分析，同于唐代黄堡窑遗址出土的灯具，推定为唐代[37]。

儒室灯堂还收藏有唐代灯盏 2 件。图 36 为茶叶末釉灯盏，圆唇、斜腹、平底。内饰茶叶末釉，口沿及器外无釉。唐代黄堡窑址也有同器型灯盏出土[38]，故其时代应为唐代。

图 37 为黑釉灯盏。圆唇、斜腹、平底。内饰黑釉，口沿及器外无釉。唐黄堡窑遗址亦有同器型灯盏出土[39]，故其时代应为唐代。

以上形制的灯盏，其他窑口也有出土。还有的窑口在灯盏内侧增加个半环形的

〔32〕
徐州博物馆：江苏徐州大庙晋汉画像石墓，文物，2003：4。

〔33〕
青海省文物考古研究所：青海省互助县高寨魏晋墓的清理，考古，2002：12.

〔34〕
山西省考古研究所等：《太原北齐徐显秀墓发掘简报》，文物，2003：10.

〔35〕
陕西省考古研究所：唐代黄堡窑址，文物出版社，1992，第 144 页。

〔36〕
陕西省考古研究所：唐代黄堡窑址，文物出版社，1992，第 197 页。

〔37〕
陕西省考古研究所：唐代黄堡窑址，文物出版社，1992，第 513 页。

〔38〕
陕西省考古研究所：唐代黄堡窑址，文物出版社，1992，第 273 页。

〔39〕
陕西省考古研究所：唐代黄堡窑址，文物出版社，1992，第 151 页。

把手。如唐代的长沙窑遗址和四川唐代邛窑遗址多有这类带把手的灯盏出土。

唐代和五代的白釉瓷，坯料质量和釉色的洁白度都有所提高。河南陕县刘家渠唐墓出土的白釉瓷灯，最为典型。图38为儒室灯堂收藏的白釉瓷灯，釉色洁白润泽，其灯由灯碗、灯柱、承盘和喇叭形灯座组成。灯柱并用弦纹装饰，推定灯的年代为唐或五代时期〔40〕。

宋代陶瓷生产进入了繁盛时期。因而实用的陶瓷灯具，数量剧增。从各地出土的宋代瓷灯来看，造型较唐代更为多样。

宋代灯具有三点变化较为突出：首先，宋代由于席地起居的家具已被社会摈弃，垂足高坐的家具成为时尚。为了照明舒适度需要，宋代日常的灯具造型，随之也发生变化。以灯具为例，它的形制向高矮两极分化。体高的放在地上使用，体矮的则放在高桌上使用。放在地上的灯具，常见于宋辽的墓室壁画和砖雕中〔41〕。而放在桌上的瓷灯，其高度较之前也稍有降低。其次，宋代的豆形灯，从最初食器“豆”造型中的“浅盘”，已经蜕变为深腹碗形。深腹碗灯具的出现，有其实用价值，它减少了添加油料的次数，提供了使用上的方便。第三，瓷灯的釉色有青釉、黑釉、绿釉多种。其中，宋代耀州窑遗址不仅出土的瓷灯较多，种类也颇为繁杂。

儒室灯堂收藏有宋代瓷灯 7 件，可以分为青釉、绿釉、姜黄釉与黑釉四种。

图 39 图 40 均为青釉瓷灯。图 39 浅腹宽沿，喇叭足，圈足饰三道凸棱纹。器外饰釉接近足底。

图 41 为绿釉瓷灯，深腹宽沿，喇叭足。圈足的台棱上饰有卷荷叶纹。器外饰釉，而且只到圈足的荷叶纹处。宋代耀州窑遗址多有这两种瓷灯的出土〔42〕，因此，儒室灯堂收藏的这 3 件瓷灯推定为宋代。

图 42 为壁挂青白釉瓷灯。这种灯的最大特点，是在瓷灯上贴附板状壁挂。河北廊坊运河出土了这种形制的青釉灯具一件。福建省博物馆也收藏有同类型的壁挂酱釉瓷灯，这些灯具的年代为宋代〔43〕，故此壁挂青釉瓷灯的时代推定为宋代。

宋金时期较为流行的动物形灯，是狮子形灯。图 43为狮座姜黄釉瓷灯。狮子侧首张口露齿。其颚下垂长须。背上披鞍，鞍上有花草纹。狮背驮起灯盏，虽灯盏部分残缺，但依然可见灯盏心的模印花卉纹。狮子伏卧于底板上。耀州窑博物馆收藏有金代的狮座姜黄釉瓷灯，而宋代耀州窑遗址也多有这种灯的出土〔44〕，因此，狮座姜黄釉瓷灯时代推定为宋代。

图 44 为五头黑釉瓷灯。这种灯具，北宋的景德镇窑曾有生产，南宋的龙泉窑就曾出土有五头黑釉瓷灯〔45〕，四川博物院还收藏有五头青釉瓷灯。故推定其灯具的年代为宋代。

宋代新出现的灯具是省油瓷灯，也称夹瓷盏。陆游在《陆放翁集 斋居记事》中说：“书灯勿用铜盏，惟瓷盏最省油。蜀中有夹瓷灯，注水与盏唇窍中，可省油

〔40〕王强：流光溢彩—中国古代灯具设计研究，江苏大学出版社，2009，第 350 页。

〔41〕杨泓：古物的声音，商务印书馆，2018，第 166 页

〔42〕陕西省考古研究所、耀州窑博物馆：宋代耀州窑址，文物出版社，1998，第 304-306 页。

〔43〕郭灿江：光明使者 灯具，上海文艺出版社，2001，第 148 页。

〔44〕陕西省考古研究所、耀州窑博物馆：宋代耀州窑址，文物出版社，1998，第 311 页。

〔45〕王强：流光溢彩—中国古代灯具设计研究，江苏大学出版社，2009，第 359 页。

之半”。四川宋代邛窑中已出现绿釉省油灯[46]。

图 45 为 1 件省油黑釉瓷灯。双唇。平底，双层腹底，灯盏口沿有一小流。这种灯盏为夹层，中空。可以注水，以降低灯盏的热度，减少油的过热挥发，从而达到省油的目的。宋耀州窑遗址也有这类省油灯具的出现[47]。省油原理相同，但灯具的形制稍有差异。故儒室灯堂收藏的这件省油灯的时代推定为宋代至明代。

图二　青花瓷罩灯

（源自竺惠明著：《瘦尽灯花又一宵——惠明古灯博物馆藏品鉴赏》，第 53 页，浙江摄影出版社，2011 年。）

儒室灯堂收藏有元代至明代的黑釉灯盏 3 件（图 46、47、48），敛口，口唇圆而厚，斜腹，平底。这类灯盏有著录，故推定这些灯盏的时代为元至明时代[48]。

元代还流行一种黑陶灯。其形制为灯碗、两组灯柱、承盘和盘（碗）形底座。如图 49 和图 50 的黑陶灯，年代为元代[49]，其用途应是明器。

清代流行过一种筒形瓷罩灯，流行地域很广。由灯碗及灯罩两部分组成。

灯碗为高柄，灯罩与灯碗底座扣合使用，这种灯罩起到了防风与美观兼备的作用。

儒室灯堂收藏有青花瓷罩灯 1 件（图 51），此罩灯的灯碗为高柄，灯罩与灯碗底座扣合使用，其目的是为了防风。周身装饰有缠枝纹和海水纹。灯罩镂空，罩顶还镂刻出钱币纹样。著录中多有这种形制的青花瓷罩灯（图二），推定青花瓷罩灯的年代为清代[50]。

图 52 为山水纹青花瓷灯。此灯高足，中有承盘，顶有灯碗，灯座为山水纹饰。推定其年代为清代[51]。

图 53、图 54 是长嘴黑釉瓷灯。图 53 为两系瓷灯，而图 54 则是三系瓷灯。此种灯具可吊用。推定其年代为清代[52]。

图 55 为 2 件黑釉瓷灯。高度有异。这类瓷灯形制似水壶，壶口多用铁条缠绕，形成把手，亦便于悬挂。推定其年代为清代[53]。

图 56、图 57 是黑釉双把手豁嘴灯。其形制特征均为灯碗口沿有一宽 2 厘米的豁口。图 56 的灯柄为旋纹，著录中有这类灯具（图三），时代为清代[54]。图 57 的灯柄造型为一猴形，因这件灯具的基本形制还是黑釉双把手豁嘴灯，故推定其年代也为清代。

〔46〕孙建君、高丰：古代灯具，山东科学技术出版社，1998，第 104 页。

〔47〕陕西省考古研究所、耀州窑博物馆：宋代耀州窑址，文物出版社，1998，第 430 页。

〔48〕西安市文史研究馆、西安博物院、西安收藏研究院：古灯，陕西旅游出版社，2009，第 81 页。

〔49〕西安市文史研究馆、西安博物院、西安收藏研究院：古灯，陕西旅游出版社，2009，第 30 页。

〔50〕竺惠明：瘦尽灯花又一霄，浙江摄影出版社，2011，第 53 页

〔51〕西安市文史研究馆、西安博物院、西安收藏研究院：古灯，陕西旅游出版社，2009，第 88 页

〔52〕张锡光、耿佃成编著：锡光藏灯，齐鲁书社，2005，第 105 页

〔53〕西安市文史研究馆、西安博物院、西安收藏研究院：古灯，陕西旅游出版社，2009，第 95 页。

（注释见下页）

（注释接上页）

〔54〕张锡光、耿佃成编著：锡光藏灯，齐鲁书社，2005，第95页

〔55〕张锡光、耿佃成编著：锡光藏灯，齐鲁书社，2005，第133页

〔56〕竺惠明：瘦尽灯花又一霄，浙江摄影出版社，2011，第104页。

〔57〕蓝蔡美娟编著：古龙轩藏品录 万年灯火，岭南美术出版社，2012，第139页

〔58〕西安市文史研究馆、西安博物院、西安收藏研究院：古灯，陕西旅游出版社，2009，第139页。

〔59〕西安市文史研究馆、西安博物院、西安收藏研究院：古灯，陕西旅游出版社，2009，第118页。

〔60〕竺惠明：瘦尽灯花又一霄，浙江摄影出版社，2011，第85页。

〔61〕西安市文史研究馆、西安博物院、西安收藏研究院：古灯，陕西旅游出版社，2009，第151页。

图58是儒室灯堂收藏的1件童子形瓷灯。童子蹲坐于在圆鼓上，头梳双髻，身着兜肚，双手高举灯碗，神态稚气可爱。应为民国初年的灯具〔55〕。

图59为儒室灯堂收藏的清末民初黑釉瓷灯，灯的形制是底座敞口，依次向上间隔两层小盘，顶部有圆形灯碗。这类黑釉灯在山西一带多有传世品至今。

儒室灯堂收藏有清末民初的铜灯3件（组），造型各异，制作精良。

图60为寿字铜灯一对。灯具由灯碗、承盘、寿字立柱及钵形底座组成。这种可以拆卸的立寿为柱的钵式灯具，推定可能是清代藏医所用的灯具〔56〕。

图三　黑釉双把手豁嘴灯

（源自张锡光、耿佃成编著：《锡光藏灯》，第95页，齐鲁书社，2005年。）

图61为铜灯及烛台三件套。由壶形灯及一对烛台组成。像这种壶形灯和双层塔式的烛台，为清末民初的常见灯具〔57〕。

图62为壶形铜灯。灯身为壶形，有双层承盘。因壶腹较大，可存的油多。壶身取下，亦可插烛，此为清末民初一器两用之灯，颇有创意〔58〕。

儒室灯堂收藏有铁灯4件。均为铸铁灯具。

图63为莲花形铁灯。灯碗腹部有“太白山八仙台神一盏光绪十三年”的题款。太白山位于陕西省，是中国著名的秦岭山脉的主峰，其最高点为八仙台，海拔3767.2米，为太白绝顶。此灯应是清代末年，专门为太白山的八仙台之庙宇制作的供养灯具。

图64为长杆铁灯。灯身为碗形。灯杆修长，有承盘及长方形底座，底座镂空出“明灯高照”四字。铁灯出现在明清时期。且清代的铁灯多为高灯杆〔59〕，故此灯的时代应为清代。

图65亦为长杆铁灯。底座为钟形，因其形制同图64的铁灯，故推定为清代。

图66为罐形铁灯，即可悬挂亦能平置。其腹部有“保春院”的题款。这类灯具容积甚大，推定此灯为清末民国时期的青楼用品〔60〕。

中国锡器的生产历史比较悠久，可以追溯到商周时期。各朝各代都有锡制品出土。锡器多从陶器、青铜器、金银器、瓷器中借鉴了器物的造型。

图67为儒室灯堂收藏的钟形锡灯，其形制模仿一个即可壁挂又可放置的钟表造型。推定其年代在清末与民国之间〔61〕。它是锡制灯具中的一件精华之作。

图68为铁柄黑釉瓷灯。灯体为黑釉壶形，铁柄较长，可提可挂。此类灯具一

说为少数民族灯具。推定其年代在清末民初[62]。

图 69 为铁插黑釉瓷灯。瓷灯的颈部有一个铁长钎，推测其用途是为了固定灯具。此灯有可能是清末民初的矿灯，因铜质的这种灯具多见著录[63]。

图 70 为靴子形黄釉瓷灯。此灯具风格独特，它是模仿了人们的实用物靴子形状制成的。从“靴口”注油，又在“靴尖”处置捻燃灯，有着鲜明的少数民族的文化特色，为近代新疆少数民族灯具[64]。

图 71 为 1 件石灯屏。灯屏是由整块砂石雕刻而成。双面题款：正面为“灯火石”，背面为“同治六年”。灯屏在清代广为流行，常见的灯屏有石质或瓷质。此灯屏的独特之处，是在灯屏正面雕刻出放置灯碗的凹槽，可谓独具匠心。

图 72 为椅子形竹灯，可提可挂，放置便利，造型独特。应为民国时期云、贵、川等地区使用的一种竹灯[65]。

二、烛　台

魏晋南北朝时期，灯具的发展到了一个新的阶段。烛台与油灯成了灯具的主要形式，而且烛台由单管逐渐向多管发展。

烛台是插放蜡烛的灯具，而蜡烛则是烛台专门使用的一种固态燃料。

蜡烛是用动物的蜡，即蜂蜡和白蜡以及植物油加上细植物纤维烛芯，制成的一种固体柱状的发光照明体。汉唐时代以及后来相当长的时间里，蜡烛是一直以这些原料和形状流行于世的。

近现代，才有了提炼石油中形成的副产品石蜡制作蜡烛的方法，它是从日本和德国传入中国的，俗称“洋蜡”。

我国先秦时代还没有细柱状蜡烛。文献中最早提到蜡烛的是在晋代。《晋书·周顺传》写到凯之弟“以所燃蜡烛投之”。考古发现证实，在广州和河南灵宝张湾东汉墓葬中，出土有陶烛台。不过，学术界普遍认为，汉代蜡烛的使用，在当时还不算普及，应是到了魏晋南北朝时期，蜡烛才逐渐普遍使用。由此，烛台自此延续使用到了近现代，历时二千年之久。

儒室灯堂收藏了各个时代的烛台多件，其质地多为陶瓷器，但也不乏铜器、木器和锡器的烛台制品。

图 73 为儒室灯堂收藏的胡人抱子绿釉烛台。其灯座为人物造型，头戴尖帽，高鼻深目，怀抱个幼童。头顶烛台。故将其定名为胡人抱子烛台。时代为汉代。

关于胡人的概念，早期是以农耕为主的汉人对北方草原以匈奴为主的游牧民族的称谓。在汉代画像石中，即可以看到这类头戴胡帽、身着异族服饰的人物形象资料[66]。

隋唐时期的胡人则是指广袤的西域地区，特别是指以“鼻高目深”为相貌特征

〔62〕西安市文史研究馆、西安博物院、西安收藏研究院：古灯，陕西旅游出版社，2009，第 94 页。

〔63〕西安市文史研究馆、西安博物院、西安收藏研究院：古灯，陕西旅游出版社，2009，第 95 页。

〔64〕薛艳红：中国灯具艺术研究，上海人民出版社，2017，132 页。

〔65〕西安市文史研究馆、西安博物院、西安收藏研究院：古灯，陕西旅游出版社，第 158 页。

〔66〕陕西省考古研究所、榆林市文物管理委员会办公室编著：汉代城址与墓葬考古报告—神木大保当，科学出版社，2001，第 120 页。

图四　抱童石俑

（源自王子今著：《插图秦汉儿童史》，第52页，陕西新华传媒集团 未来出版社，2020年。）

的中亚各民族群体。

汉代为了保证婴儿的生存条件，父母亲和亲族会祈祝相关神灵保佑。山东省博物馆收藏有东汉时期的抱童石俑（图四）。这件文物依据专家考证，应是战国秦汉时期，民间“少司命”崇拜的实物资料证明。故“少司命”抱幼儿的形象，有着如后世“送子之神”之态势[67]。

河南三门峡地区出土也有同形制的东汉胡人抱子陶烛台，但其怀抱幼童数字不等，从1-9都有[68]。我们推测这类胡人抱子题材的烛台，也是属于“少司命”崇拜的实物资料。故儒室灯堂收藏的胡人抱子绿釉烛台时代推定为汉代。

烛台作为中国古代灯具中的一种形制，它的烛台承接蜡烛有着三种形式，即环插、管插与蜡插[69]。

由于管插比环插使用起来简单方便，所以，环插的烛台比较少见。而中空式的管插，一直是烛台插烛的主要形制。烛台因为烛管数目的不等，又分为单管烛台与多管烛台这两种形制。从汉晋时期一直流行到明清民国时代。

明清新出现了蜡插式烛台，由于明清距今时间较近，所以，蜡插式烛台传世品较多。

图74为儒室灯堂收藏的隋青瓷烛台。其造型与汉代豆形灯相似，只是在灯盘中增加有管状柱烛。河南安阳隋墓中有类似的烛台出土[70]。

唐代，蜡烛灯（台）的应用广泛，这从当时的文学、绘画作品中出现大量有关蜡烛的描写可见一斑。如唐代诗人李商隐的“春蚕到死丝方尽，蜡炬成灰泪始干”之句，就是吟咏蜡烛的诗歌。在陕西出土的唐墓壁画中，可见烛灯（台）的画面。唐代新城长公主墓的壁画中，就有一仕女，双手举至右肩处，捧着一件高足烛盘，盘内立一红蜡烛，火苗摇曳（图五）。这幅壁画中所描绘的点燃后的蜡烛，应是我们面前所能了解到的，唐代蜡烛最为珍贵的实物资料[71]。而唐代的烛台，则有河南省博物院收藏的青白釉烛台[72]。

儒室灯堂收藏的图75，为元代黑陶烛台，烛台有碟状烛盘，盘中有管式柱烛。烛台柄部上细下粗。有竹节状弦纹。圆形灯座。西安南郊元代刘黑马墓出土有类似的烛台，这种黑陶烛台，应为墓葬中随葬的明器[73]。

〔67〕
王子今：插图秦汉儿童史，陕西新华传媒集团未来出版社，2020. 第53页

〔68〕
李侃：战国秦汉灯具研究，西南大学硕士学位论文，2011，第76页。

〔69〕
薛艳红：中国灯具艺术研究，上海人民出版社，2017，第56页。

〔70〕
孟宪武、李贵昌：河南安阳市两座隋墓发掘报告，考古，1992：1.

〔71〕
陕西省考古研究所、陕西省历史博物馆、礼泉县昭陵博物馆编著：唐新城长公主墓发掘报告，科学出版社，2004，第88页。

〔72〕
郭灿江：光明使者 灯具，上海文艺出版社，2001，第134页。

〔73〕
陕西省考古研究院：西安南郊大朝刘黑马墓发掘简报，考古与文物，2015：4。

儒室灯堂收藏了黑釉烛台4件（图76、图77、图78、图79），灯柱上有两层层盘，第一层盘中有管式柱烛，喇叭形底座高圈足。陕西耀州窑系的立地坡窑址，曾有这类足部露胎、双层托盘的清代黑釉烛台出土。故推定这类烛台的年代为清代[74]。

儒室灯堂还收藏了蓝釉烛台一对（图80），灯柱上有两层盘第一层盘中有管式柱烛，喇叭形底座。著录中常见这种类型的清代黑釉或其他釉色的烛台，故推定其年代为清代[75]。

儒室灯堂收藏有清代青花瓷烛台10件，可分为梯形烛台和鼓形烛台两种。这类烛台形态稳重，浑然一体，民间祈求富贵吉祥的世俗文化在烛台上多有反映。

图五　侍女持烛灯壁画

（源自陕西省考古所、陕西历史博物馆、礼泉县昭陵博物馆编著：《唐新城长公主墓发掘报告》，彩版第11页，科学出版社，2004年。）

梯形青花瓷烛台6件（图81、图82、图83、图84、图85、图86），顶部有凹形烛台，四面往往有年号、题款和图案纹饰。

图81烛台，顶部除有“同治八年办用”的题款，还有不见经传的陕西俚语“𰻞”字，此字为陕西一种面食的称谓，故推定此烛台为陕西制造。

图82烛台，亦有同治十年（1871年）年号，题款为“金玉满堂”吉语类灯具，这类吉语烛台在清代比较多见。

鼓形青花烛台4件（图87、图88、图89、图90）。烛台为鼓形，顶部有凹形烛台，鼓腹有年号、题款和纹饰。

图87烛台，鼓体有“光绪丁亥年”（1887年）题款，还有“酒情花谢黄金尽，花不留人酒不赊”这种殷殷告诫类的诗文题记。

图90为一对鼓形青花烛台，其鼓腹有“光绪丁未”的题款。

儒室灯堂收藏有猫形瓷烛台1件（图91）。清至民国动物形象的烛台颇多。此灯为猫形烛台，长方形底座，猫为坐姿。张目竖耳，憨态可掬。其背部置烛台。著录中常见这类烛台，推定烛台年代为近代[76]。

儒室灯堂还收藏有狮形瓷烛台1件（图92）。长方形底座，狮为蹲姿。其背部置烛台。推定烛台年代为近代[77]。

儒室灯堂收藏有梯形青花瓷烛台1件（图93），顶部有凹形烛台，四面饰花鸟及山水图案，并有“民国戊午年”题款，民国戊午年，即1918年。

儒室灯堂收藏有清末铜烛台2件，可喜的是有蜡插式和管插式两种形制。

〔74〕耀州窑博物馆、陕西省考古研究所、铜川市考古研究所：立地坡、上店耀州窑址，三秦出版社，2004，第211页。

〔75〕西安市文史研究馆、西安博物院、西安收藏研究院：古灯，陕西旅游出版社，2009，第93页。

〔76〕蓝蔡美娟编著：古龙轩藏品录 万年灯火，岭南美术出版社，2012，第45页。

〔77〕张锡光、耿佃成编著：锡光藏灯，齐鲁书社，2005，第130页。

图 94 为蜡插式烛台，质地为铜，灯碗内树立一长烛钎。明代，出现了这种蜡插式烛台。即在烛台的顶部装有钎针，依靠着钎针，来承插蜡烛。该烛台有“悗凤”铭文。推定其为清末的灯具[78]。

图 95 为可调节铜烛台。其造型为附带承盘的管插烛台。管筒的下半部中空，有升降的旋钮，可以此调节蜡烛的长短。题款为“永义昌”与“阎胥”。推定其为清末灯具[79]。

儒室灯堂收藏木烛台一对（图 96）。应为清代祭祀用品，它是仿照金属烛台制成的。烛台有“绪廿六”（1900 年）的年号。此烛台周身涂有生漆，具有防火防潮的功能。其管筒有部分残缺，应为实用器。

儒室灯堂还收藏有寿字形管插式锡烛台 2 件（图 97、图 98）。清末民初多有锡质的福禄寿烛台[80]。这两件烛台都是用寿字作为灯柱，将底座与灯盘巧妙地连接在了一起，使之富有神韵。

儒室灯堂收藏有管插式锡烛台一对（图 99）。器形规矩，品相完好。“福”字的变形字体为其灯柱，并有题款“聚和店造”。这类锡质烛台应为民国时期的制品[81]。

纵观儒室灯堂收藏的这一时期的灯盏及烛台，造型生动，装饰华美，虽经朝代更迭它们在形制上有所改变，但也正是由于这些变化，才充分地展示出了中国古代灯具发展史上各个阶段的艺术特点，使得中国灯具以其特有的方式从古至今流传下来。

叁 | 石　灯

石料被雕刻为石灯，应始于汉代。但这个时期石灯的流行，有着阶段性与地域性的局限。并不普及。儒室灯堂也收藏有汉代石灯 1 件。

石灯的主要流行时期，应属魏晋南北朝隋唐时代。依据现有的考古出土及传世的石灯资料，我们可将魏晋南北朝至隋唐时期的石灯，按照其功能分为三种类型：其一是作为寺院建筑构件的石灯，其二是随葬明器的石灯。其三是石窟寺供奉或实用的石灯。

第一，石灯作为佛教寺院的建筑构件，又称佛灯。

目前发现佛教寺院石灯时代最早的是北齐时期太原童子寺的石灯。在此之前的寺院石灯的形制已难确考。

唐代寺院石灯最典型的有两例，是西安碑林博物馆和西安市文物保护研究所收藏的石灯。这 2 件石灯均由灯室、蟠龙石柱和台座三部分组成。前者出土于陕西乾县西湖村的石牛寺；后者出土于西安市玉祥门附近。唐代名刹青龙寺与西明寺的考古发掘过程中，都曾有石灯残块的出土。尤以在西明寺遗址殿堂正中位置，出土了青石雕刻的壸门台座、石托、仿砖瓦木构建筑的屋顶等石灯残件，是为唐代佛教寺

〔78〕
西安市文史研究馆、西安博物院、西安收藏研究院：古灯，陕西旅游出版社，2009，第 135 页。

〔79〕
蓝蔡美娟编著：古龙轩藏品录 万年灯火，岭南美术出版社，2012，第 144 页。

〔80〕
西安市文史研究馆、西安博物院、西安收藏研究院：古灯，陕西旅游出版社，2009，146 页。

〔81〕
西安市文史研究馆、西安博物院、西安收藏研究院：古灯，陕西旅游出版社，2009，148 页。

院殿堂中轴线上设置石灯的力证。

随着佛教东渐，这种在寺院殿堂前中轴线上，置放一件石灯的建筑形制，也影响到了朝鲜半岛及日本。日本现存最早的石灯有一例，是位于奈良县当麻寺金堂前的石灯，石灯年代属于奈良时代（710–794 年）。而奈良时代石灯的置放位置，依据奈良县山田寺的考古发掘绘制的复原图可知，是立于佛寺殿堂的中轴线上的。日本从平安时代（794–1194 年）起，日本石灯文化远离了中国佛教寺院置灯的本意，开始在神社置灯。而且此时日本神社的石灯，往往是放置两件对称的石灯，即为对灯。其后，石灯又成了日本庭园重要的装饰景观，延至当代[82]。

图六　石灯

（源自陕西省考古所、富平县文物管理委员会编著：《唐节愍太子墓发掘报告》，科学出版社，图版第 33 页，科学出版社，2004 年。）

第二，石灯作为墓葬的随葬明器。

石灯在山西大同北魏时期墓葬中多有出土，从墓葬年代来看，这些石灯，都属于拓跋鲜卑迁都平城接受了汉文化影响以后的灯具[83]。北魏显官司马金龙墓就出土有 2 件石灯[84]，这些石灯在平城地区的出现，反映了拓跋鲜卑族属从游牧到定居，不断学习汉文化的过程。

唐代造型最精美的明器石灯，当属陕西富平唐中宗李显定陵的陪葬墓之一、节愍太子李重俊墓出土的莲花纹石灯[85]。石灯通体用整石雕凿而成，高 52.5 厘米。由灯盏、高足、灯座三部分组成。灯盏外雕有双重仰莲，石灯打磨光滑，做工精细（图六）。

第三，石灯作为石窟寺内供奉物或者为实用灯具。

石灯在中国古代灯具中虽占有一定的比例，但因考古发现零星，难成体系。而石灯资料的公布及研究文章，常散见于各个时代古代灯具的研究论著中，专门研究石灯的著作较少。

传世石灯收藏较多的人，应属宁夏银川的刘登武[86]，共收藏有甘宁地区的石灯数百件。据称这些石灯的流行地区属于“石窟艺术之乡”的甘肃东南部，以及宁夏固原、海原一带。在刘登武收藏的石灯中，有属于北魏时期的经幢石灯[87]。

儒室灯堂收藏的这批石灯，大部分来源于甘肃东南部及宁夏西海固地区，这里属于甘宁黄河以东地区，除了驰名中外的甘肃永靖炳灵寺石窟和天水麦积山石窟外，还有宁夏固原的须弥山和甘肃庆阳的南北石窟寺等石窟寺，这两座石窟的时代虽晚于建造于 5 世纪的炳灵寺石窟和麦积山石窟，但也都是 6 世纪开凿的属于北魏时期

〔82〕
韩钊：《浅析唐代石灯—兼及与日本京都安祥寺石灯的比较》，西部考古，三秦出版社，2006，第 453–461 页。

〔83〕
王秀玲：平城地区出土北魏灯具研究，文物世界，2014：3。

〔84〕
山西省大同市博物馆、山西省文物工作委员会：山西大同石家寨北魏司马金龙墓，文物，1972：3。

〔85〕
陕西省考古研究所、富平县文物管理委员会：唐节愍太子李重俊墓发掘报告，科学出版社，2004，第 140 页。

〔86〕
银川市人民政府 银川年鉴编辑部编：银川年鉴 2010，银川年鉴编辑部出版，2010，第 225 页。

〔87〕
刘登武：青灯孤盏照古今，收藏界，2003：7。

的石窟寺[88]，并延续其后，在西魏、北周、隋唐及宋朝各代，均有大规模营造与修凿。

观察这些石窟寺的地理位置，呈自西向东一字排开，这显然是和佛教艺术在中国的传播路径有着密切的关联。它们也是丝绸之路“长安—天山廊道”沿线上石窟寺遗址的璀璨明珠。

伴随着这些石窟寺的开凿，这一地区出现了大量的与石窟寺同时代的石灯，绝非偶然现象，我们推测这一地区出土及传世的石灯，或为石窟寺内的供奉灯具，或为石窟寺内的实用灯具。即为我们所说的石灯之第三类用途。

儒室灯堂所珍藏的石灯系列完整，始于汉代，南北朝隋唐时代的藏品尤甚，终于近代。其时代特征与艺术风格，极其显著。现对146件石灯，钩稽考证，梳理成章。

儒室灯堂收藏的石灯，依据造型可以分为四大类。一、佛教题材类灯具；二、人物与动物类石灯；三、花卉图案类石灯；四、个案石灯。

一、佛教题材类石灯

佛教题材的石灯又分为五类。

1. 造像碑形石灯

造像碑，是指以单体佛像为主、佛教造像的一种独特形制。它将中国传统的石碑造型与外来的佛教造像艺术融合在一起，可以说是一种中国刊石记功与域外佛教艺术相结合的时代产物。流行于民众信佛大潮涌漫的魏晋南北朝时期。

造像碑大致有两种形制，一种是方柱形，一种是碑形。方柱形多为平顶，四面开龛造像；碑形同于汉代以来的石碑形制，多作圆首[89]。

图100和图101为造像碑形的石灯。

图100属方柱形造像碑石灯。石灯为双层的造型碑形制。四面的圆拱形龛内各有一尊佛造像。造像漫漶不清，其顶部为一圆形灯碗。推定其年代为北朝。

图101亦属造像碑形石灯。石灯为圆首的造像碑形制。正面开圆拱形龛，内刻人物造像，其顶部有一圆形灯碗。观察这件灯具的人物面像，同于西安碑林博物馆收藏的北魏佛坐像[90]，推定石灯的年代为北朝。

2. 中心塔柱亭阁式石灯

中心塔柱，是石窟寺中的佛教石窟建筑的形制之一，即在石窟洞窟的主室稍后部分凿出方柱，四面开龛造像。其宗教意义是由于北朝流行入塔观像，进行禅修的这一修行方式。它始于北魏，盛行于北朝[91]。

儒室灯堂有中心塔柱亭阁式石灯3件（图102、图106、图107）。

这类石灯，均为中心塔柱的亭阁式塔形制，塔顶的石灯为圆形，推定这些石灯应属于北朝，而且很有可能是实用灯具，在石窟寺的流行地区使用，石灯的制作者应是建造石窟寺的工匠们所为。

〔88〕中国大百科全书编辑部：中国大百科全书考古卷，中国大百科全书出版社，1986，第698页。

〔89〕西安碑林博物馆：西安碑林佛教造像艺术，陕西师范大学出版社，2011，第7页。

〔90〕西安碑林博物馆：西安碑林佛教造像艺术，陕西师范大学出版社，2011，第52页。

〔91〕中国大百科全书编辑部：中国大百科全书 考古学，中国大百科全书出版社，1986，第698页。

这种形式的变体石灯还有3件，如图108与图109、图110。图108是在石灯底座上加刻了生肖图案鼠与兔。而图109和图110石灯则是去掉了中心塔柱，成了一件单纯的亭阁式石灯。这3件石灯的年代应与前述石灯相同。

3. 四门塔式石灯

四门塔，为一单层的方形佛塔，它在中国古塔的演变过程中，具有极其重要的地位，是早期佛塔的样式〔92〕。山东济南的全国重点文物保护单位四门塔，1972年在塔顶石板上，发现了“大业七年造”铭文题记，可知这座塔是隋代建筑〔93〕。

儒室灯堂收藏有四门塔式石灯7件（图103、图104、图105、图111、图112、图113、图114）。

以上石灯，均为单层四门塔形制，塔顶置圆形石灯。推定这些石灯属于北朝，应为实用灯具。

图115为塔式石灯，年代推定为北朝。

4. 方柱形石灯

方柱形石灯有图116、图117、图118、图119、图120、图121、图122等7件。除了图117可以说是房屋形石灯外，其他石灯的灯身纹饰与图案具有写实性，顶部均置有圆形灯碗。故推定这类石灯的年代为近代。

5. 礼佛图与火焰纹石灯

佛教信徒经常要向佛礼拜，谓之礼佛。图123为礼佛图石灯。石灯的灯碗为圆形。灯柱为方柱形。两面刻有礼佛人物图。灯柱上雕刻的两个人物，其手势都为拱手放置于腹部面向前方，仿佛在等待佛陀惠泽施予慈悲神力，以求消灾增福。从人物的冠饰服饰来看，其冠皆为平帻，衣裳博大，应为北朝服饰〔94〕。灯碗外壁则有一组四朵火焰纹的装饰图案，这种火焰纹饰，流行于云冈石窟〔95〕。所以推定其石灯年代为北朝。

图124、图125、图126、图127、图128这5件石灯均为火焰纹石灯，虽这类石灯都缺失礼佛图，但石灯装饰纹饰与礼佛图相同，即在灯碗外壁都有火焰纹饰。灯碗为圆形，灯柱多为方柱形，仅图128为圆形，故推定石灯年代应为北朝〔96〕。

二、人物与动物类石灯

人物与动物类石灯，延续时间较长，从汉至近代都有这类石灯的遗存〔97〕，共分为五类。

1. 汉代与北朝人物石灯

图129为妇人形石灯。石灯为一跽坐的妇人，圆领衣衫，梳有椎髻。头顶置一灯碗。这种下垂式的“椎髻”，是汉代妇女发饰的主流，故推定此灯年代应为汉代〔98〕。

图130为一件人面兽形石灯。人面的头顶置灯碗，灯身的造型，为一蹲兽造型。

〔92〕中国科学院土木建筑研究所、清华大学建筑系：中国建筑，文物出版社，1957，第20页。

〔93〕常青：中国古塔的艺术历程，陕西人民出版社，1998，第68页。

〔94〕沈从文：中国古代服饰研究，上海书店出版社，1997，第185页。

〔95〕李宏刚：云冈石窟忍冬纹、莲花纹、火焰纹纹饰流变探微，山西大同大学学报，2013：2。

〔96〕李宏刚：云冈石窟忍冬纹、莲花纹、火焰纹纹饰流变探微，山西大同大学学报，2013：2。

〔97〕西安市文史研究馆、西安博物院、西安收藏研究院：古灯，陕西旅游出版社，2009，第46页。

〔98〕陕西省考古研究所编：汉阳陵，重庆出版社，2001，第9页。

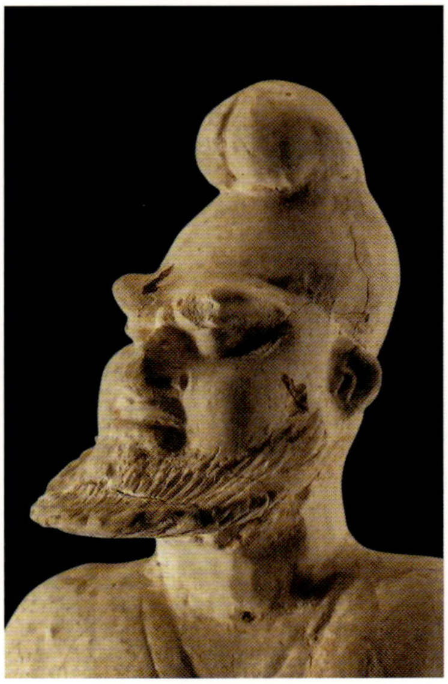

图七　**胡俑头像**

（源自昭陵博物馆:《丝路胡人外来风——唐代胡俑展》，文物出版社，第79页，2008年）

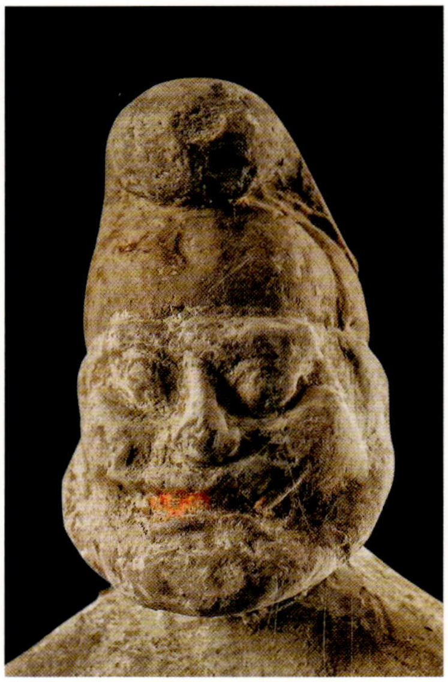

图八　**胡俑头像**

（源自昭陵博物馆:《丝路胡人外来风——唐代胡俑展》，文物出版社，第133页，2008年）

观察这件灯具的侧面，是一个等腰三角形。它与西安碑林博物馆收藏有北周的石质蹲狮，侧面为等腰三角形的造型极为相似[99]，故推定这件石灯的年代应为北朝。

2. 胡人石灯

唐代，由于丝绸之路繁荣，胡商贩客纷至沓来。这些域外人口带来的文化冲击。与唐人传统文化碰撞交融，完成了“胡风华化”的过程。在唐代物质文化的遗存中，我们很容易发现这种异域的文化元素，例如：胡人、胡物、胡食和胡服等[100]。特别是胡人这种独特的人物造型（图七），只见于隋唐时期，宋代已不再出现，其时代特点尤为显著（图八）。

关于胡人造型的石灯，我们认为应属于胡人的物质文化之一，同时它也是唐代文化融合外来因素的一个典型器物。

儒室灯堂收藏了8件胡人石灯（图131、图132、图133、图134、图135、图136、图137、图138）。

这类石灯为一胡人造型，头置灯碗。从胡人的形象来看，均为长脸，深目高鼻，络腮胡造型。这种面腮部蓄有浓密胡须的人，属于中亚的古代民族，学术界称其为粟特胡人[101]。

胡人抱子（背子）石灯，有4件。图139、图140、图141、图142。其中图142其胡人形象与前述的胡人抱子石灯造型相同，不同之处是其后背背负一子。这些石灯的象征意义，应是战国秦汉民间“少司命”送子崇拜的一种延续。推定以上石灯年代均为唐代。

儒室灯堂还收藏有11件胡人石灯（图143、图144、图145、图146、图147、图148、图149、图150、图151、图152、图153）。其中图152、图153为骑兽胡人石灯。

虽然上述石灯，胡人的形象都没有连鬓的胡须，但深目高鼻，阔口大耳，颧骨凸显，同于胡人陶俑的形象[102]，故这些石灯年代属于唐代。

〔99〕西安碑林博物馆编：西安碑林博物馆，陕西人民出版社，2000，第140页。

〔100〕程旭：唐韵胡风，文物出版社，2016，第70页。

〔101〕程旭：唐韵胡风，文物出版社，2016，第13页。

〔102〕乾陵博物馆：丝路胡人外来风—唐代胡俑展，文物出版社，2008，第14页。

3. 其他类型人物石灯

图 154 为一人形石灯。石灯为一跽坐的人物，头戴幞头，背负灯体，头后部放置灯碗。这种带有幞头的人物形象，是唐代陶俑和唐墓壁画中男子的常见装束，故推定此灯的年代为唐代〔103〕。

图九　突厥石人雕像

（源自孙机：《中国圣火——中国古文物与东西文化交流中的若干问题》，第 262 页，辽宁教育出版社，1996 年。）

图 155 为人形石灯。石灯为一站姿的石人，头部置灯。石灯的人物造型为散披发，而且双手抱于胸前，其人物形象及雕刻技法颇似突厥石人的整体造型（图九），应属于模仿突厥石人造型形式的一件石灯〔104〕。突厥人，6 世纪中叶至 8 世纪中叶，活跃于我国的部落联合体少数民族汗国。另外，这件石人的裙裾装饰还装饰有双层莲瓣，昭陵博物馆中陈列的初唐石人，就有这样的莲台装饰，故推定这件石灯的年代为唐代。

图 156 为一人形石灯。石灯为一站姿的人物，头戴帽子，顶部置灯，此类人物造型应为唐代少数民族人物形象〔105〕。故石灯年代推定为唐代。

儒室灯堂收藏有人面兽身石灯 5 件（图 157、图 158、图 159、图 160、图 161）。

人面兽身的这类题材，常见于唐墓出土的镇墓兽。陕西出土有唐代的人面兽身镇墓兽〔106〕。儒室灯堂收藏的人面兽身石灯，除了图 160 为双人人面兽身，以及图 161 为一四面体人面兽身造型外，其他都是单体的人面兽身石灯。这些石灯的人物面部表情平和，头置灯碗。推定图 157 为唐代，其余均为近代。

儒室灯堂还收藏有供养人石灯 5 件（图 162、图 163、图 164、图 165、图 166），石灯均为一双手合十的跽坐人物，头置灯碗。其人物造型同与前述的人形石灯和胡人石灯，故推定其年代为唐代。

儒室灯堂收藏有人物石灯 10 件（图 167、图 168、图 169、图 170、图 171、图 172、图 173、图 174、图 175、图 176）。

其中图 175 为一双面人物石灯时代为近代，其他的石灯则为一跽坐人物，头置灯碗，这类石灯的造型与前述石灯造型相同，故推定其年代为唐代。

儒室灯堂并收藏有一件男女合体石灯（图 177），其中有一人物头顶置灯。年代为近代。

4. 猴石灯

猴子造型石灯，最早见于汉代〔107〕。儒室灯堂收藏有猴石灯多件，大致可以分为三种类型：

〔103〕沈从文：中国古代服饰研究，上海书店出版社，1997，第 238 页。

〔104〕孙机：近年内蒙古出土的突厥与突厥式金银器，中国圣火，辽宁教育出版社，1996，第 262 页。

〔105〕周天游主编：唐墓壁画研究文集，三秦出版社，2008，第 202 页。

〔106〕陕西省考古研究所编：陕西新出土文物选粹，重庆出版社，1998，第 82 页。

〔107〕殷小林：古灯史话与收藏，百花文艺出版社，2005，第 33 页。

第一类为母子猴石灯 7 件（图 178、图 179、图 180、图 181、图 182、图 183、图 184）。

这类石灯为一猴怀抱或背负子猴，头顶置灯。考察这些石灯猴子的面相，因同于清代的石质拴马桩的猴子面相。故推定其年代为清末民初[108]。

第二类为猴抱树或抱桃子石灯。图 185、图 186、图 187 为 3 件猴抱树石灯。石灯为一猴抱树，树顶置灯。推定其年代为清末民初。

图 188、图 189、图 190 为 3 件猴抱桃子石灯。石灯为一猴子左手抱桃，头顶置灯。推定其年代为清末民初。

第三类为猴石灯。共有 17 件（图 191、图 192、图 193、图 194、图 195、图 196、图 197、图 198、图 199、图 200、图 201、图 202、图 203、图 204、图 205、图 206、图 207），其中图 191 是一件四猴抱柱造型的石灯，另有猴形双碗石灯一件（图 207），石灯除在猴头部置灯外，其尾部还又置一灯。造型罕见，独具匠心。其余石灯均为一卧猴，头顶置灯。故推定其年代为清末民初。

5. 动物石灯

儒室灯堂还收藏有鸡形石灯和狗形石灯各一件（图 208、图 209），均为背部置灯，应为近代石灯。

兽形石灯有 14 件（图 210、图 211、图 212、图 213、图 214、图 215、图 216、图 217、图 218、图 219、图 220、图 221、图 222，图 223）。其中有多件双面兽造型的石灯。图 223 这件石灯则最有趣，为两个人面兽身的形象，背抱着石灯的造型。这些石灯的兽形造型，均采用的是卧姿，头顶置灯。应为近代石灯。

四狮子石灯共有 2 件（图 224、图 225）。图 224 石灯的底座由四个狮子围护；图 225 石灯的底座为花卉图案，灯柱由四个狮子背负灯碗。应为近代石灯。

三、花卉图案类石灯

儒室灯堂收藏的花卉图案类石灯，即有莲花纹和连珠纹等这类古典的装饰图案，也有普通的花卉图案。共分为三类。

1. 莲花纹

燃灯祈福是佛教祭祀中的重要仪式。佛教中将燃灯作为对佛供养的固定形式，与水、花、涂香、饮食、烧香并列。而精美的灯具是灯明智慧、烛火传递的重要供养具之一。

儒室灯堂收藏了一件（图 226）莲花纹石灯，灯碗外壁饰有多层仰莲瓣，灯柱是鼓腹状，灯座饰有覆莲瓣。最为可贵的是，石灯的底座有宋“宣和五年二月二十九日平龙村贾乂自法心出□□一贯”的铭文，得知石灯的绝对年代是 1123 年，由平龙村人贾乂出资制作的一件石灯。

〔108〕西安碑林博物馆编：西安碑林博物馆，陕西人民出版社，2000，147 页。

因此可知，这件石灯以莲花纹为装饰，是供养人贾乂向佛教寺院供奉的灯具，以求功德殊胜。

图 227、图 228、图 229、图 230 这 4 件石灯亦为莲花纹石灯，灯身都装饰有仰莲或覆莲图案。应为近代石灯。

2. 连珠纹

连珠纹图案是萨珊波斯艺术最典型的装饰图案，它沿丝绸之路传入中国，成了唐代器物装饰十分流行的图案[109]。

儒室灯堂收藏有两件连珠纹石灯（图 231、图 232），图 231 是双层连珠纹石灯。图 232 为单层连珠纹石灯，这两件石灯的年代图 231 推定属于唐代，图 232 为近代。

3. 其他类型图案

图 233 为一件须弥座石灯。灯碗的外壁，饰有二方连续图案。石灯的断面为工字形须弥座，此须弥座形制同于法门寺唐代地宫出土的石雕彩绘阿育王塔的须弥座[110]，故推定须弥座石灯年代为唐代。

儒室灯堂还收藏有民国时期的花卉纹石灯 2 件。图 234、图 235 这两件石灯都有明确的纪年，分别为民国十三年（1924 年）和民国十五年（1926 年）。石灯形制为方柱形，顶置圆形灯碗。灯柱部位刻有纪年及花卉与人物图案，人物的刻画，类似于皮影人物的剪影图案。拟定这类石灯的产地，是在陕西关中皮影艺术的流行地带。

图 236、图 237、图 238、图 239 这 4 件也是花卉纹石灯，石灯形制或方形或圆形，顶置圆形灯碗。灯柱及底座刻有花卉图案。应为近代石灯。

图 240，为瓜棱形石灯。亦为近代石灯。

图 241，为一件仰卧人形石灯。在人物的腹部置灯，为近代石灯。

四、个案石灯

儒室灯堂还收藏有若干件石灯，因其难以归类，分别述之。

唐宋时期的器物中多有用豹斑石制成的案例。豹斑石属于叶绿泥石，也有称其为豹斑玉。这种石材在制作成器物后有一定的透光性，呈豹纹样斑点，故得此名。因其稀少而珍贵。陕西蓝田吕氏家族墓地曾出土了一件唐代豹斑石钵[111]。

图 242 为儒室灯堂收藏的豹斑石（玉）灯与烛台的组合灯具。造型为罐形，带圈足。其上部分为灯碗，下部分为烛台。两部分为整块石材雕凿而成，严丝合缝，形制独特。据悉陕西武功宋代报本寺塔地宫，出土过一件豹斑玉尊[112]，故推定这件灯具的年代为宋代。

儒室灯堂还收藏有南瓜形石灯（图 243）；汉白玉石灯（图 244）；三角形石灯（图 245），这些均为近代石灯。

〔109〕薄小莹：吐鲁番地区发现的连珠纹织物，纪念北京大学考古专业二十年论文集，文物出版社，1990，第 311 页。

〔110〕陕西省考古研究所、法门寺博物馆、宝鸡市文物局、扶风县博物馆编著：法门寺考古发掘报告，文物出版社，2007，238 页。

〔111〕陕西省考古研究院：大临大雅 蓝田吕氏家族墓出土文物精华，文物出版社，2018，第 138 页。

〔112〕陕西省咸阳市文物局编：咸阳文物精华，文物出版社，2002，第 58 页。

石灯的使用在历史上，虽然远不如陶瓷灯具及青铜灯具那样普及，但在中国灯具史上同样具有重要的学术价值和艺术价值。

儒室灯堂的藏品中，石灯居多，尤其是魏晋南北朝和唐代的石灯，它们可以说是儒室灯堂收藏的石灯精华，也可视为中国古代石灯类型的一个重要组成部分。

肆｜煤油灯及异域灯具

儒室灯堂的藏品，虽然以中国古代灯具为大宗，但也有煤油灯及域外灯具若干件，虽数量不多，但由此可以了解这两种灯具的文化面貌。

一、煤油灯

中国古代灯具在长达二千多年的时间里，都始终保持着民族特色及自身发展的规律。19 世纪末，煤油灯传入我国，这是对中国古代灯具冲击最大的一种外来灯具。

清光绪二十二年（1896 年），中国首次进口煤油 5000 加仑。自此，外国煤油公司先后进入我国开设煤油公司及煤油行，开启了国内使用煤油灯的历史。

煤油灯的基本结构分为灯体、灯头和灯罩。当时，美国美孚石油公司在推销煤油的同时，还会免费给家家户户送上一盏装满煤油的美孚灯。这种先进的燃料、灯捻，以及可调式的灯头亮度的玻璃罩灯具，倍受民众青睐，使得美孚灯，很快成了电灯使用之前，当时世界上最先进的灯具了。

儒室灯堂收藏有 3 件（组）煤油灯。

图 246 为美孚灯，它由灯体、灯头和玻璃灯罩组成，其灯体上有“美孚灯”三字，是可坐可挂的两用灯，它也是民国初年美孚灯的标准样式〔113〕。

图 247 为一对煤油铜灯，其形制同于中国传统的灯具，有灯盘、灯柱和灯体组成。灯体为圆柱形，其上端是铜质的灯头，灯头置有细管可穿灯芯。其时代应为民国初年〔114〕。

图 248 为 1 件鸦片黄铜灯。灯为圆柱形，内为油壶，灯体外框镂空装饰有“寿”字，这种灯具的盖与身，合缝严密，便于携带。

鸦片灯是供人抽鸦片烟所用之灯。一支烟枪一盏灯，腐蚀着灵魂与肉体。传世的鸦片灯底座，多以黄铜或白铜制成，其形状有圆有方，工艺精湛，制作优良，应为王公贵族用灯，鸦片黄铜灯的时代应为清末民初〔115〕。

二、异域灯

世界上各地区及民族，从古到今都有灯具使用。古代的埃及、希腊以及罗马，都曾使用一种带流的壶造型的陶灯。其造型类似于《天方夜谭》中的“阿拉丁神灯”，

〔113〕
薛艳红：中国灯具艺术研究，上海人民出版社，2017，第 81 页。

〔114〕
竺惠明：瘦尽灯花又一霄，浙江摄影出版社，2011，第 81 页。

〔115〕
竺惠明：瘦尽灯花又一霄，浙江摄影出版社，2011，第 70 页。

这类陶灯的出土数量较大，世界上许多国家的著名博物馆都有收藏。

中世纪及近代，西方社会的灯具不断革新，百花齐放，出现了许多兼有照明和装饰的灯具，可以毫不夸张地说，灯具也是世界物质文明史的重要资料之一。

儒室灯堂收藏有异国灯具 9 件，我们依据时代顺序，作以述评。

图 249 为 1 件罗马帝国时期的陶油灯，造型呈壶形，有灯嘴及把手，壶中央的圆孔，一般认为是装灌灯油所用（图十）。意大利庞贝遗址就有这类陶油灯的出土[116]。

图十　罗马帝国时代的陶油灯

（源自中国国家文物局、意大利文化遗产与艺术活动部编:《秦汉-罗马文明展》，第 260 页，文物出版社，2009 年）

图 250 亦为 1 件罗马帝国时期的陶油灯，造型呈壶形，有灯嘴及把手，壶中央的圆孔，为装灌灯油的孔。

图 251 为 1 件意大利青铜灯，其造型仿制罗马时期的陶油灯，即在灯盘上装饰有人物面具[117]。这件灯具的把手部还铸有羊头的装饰。应属于近代时期作品。

图 252 为一英国制式的可调节铜烛台。造型为承盘和管插。管筒的下方有旋钮，必要时可将烛台调高十几厘米，方便使用。推定其年代为近代。

图 253 为 1 件近代德国铜烛台。造型为灯盘、管插及烛盖。烛盖，它能起到迅速灭火的作用，可以说是这件烛台的特殊之处。灯盘柄部刻有家族徽章，可知此灯为贵族所属。

图 254 为 1 件近代英国玳瑁烛台。造型为双层灯盘、管式烛柱。这件烛台晶莹剔透，非常罕见。现代英国，已将玳瑁列入濒临灭绝动物，所以推测这件烛台的制作年代比较久远。

图 255 为 1 件近代法国瓷烛台。造型为管插烛柱、带把手半包围罩式烛台。这类烛台上的半包围罩子，实际上它会形成反光，便增加了烛光的亮度，可谓是灯具上的一大创新。

瓷烛台在其灯柱内外壁上，还绘有各式法国风格的花卉图案，高贵典雅，堪称精品。

中国关于反光灯的使用资料，最早见于河北宣化下八里辽金壁画墓的四号墓中[118]，这座墓的墓葬后室东南壁的壁画上，绘有一盏引人注目的高约 1 米的灯具，其灯具

〔116〕
中国国家文物局、意大利文化遗产与艺术活动部编：秦汉罗马文明展，文物出版社，2009，第 260 页。

〔117〕
同上。

〔118〕
张家口市文物事业管理所等：河北宣化下八里辽金壁画墓，文物，1990，10。

的底座为圆形，并有带有五足。灯柱立于底座中央，柱顶以托盘承接灯盏，盏中立柱，柱端的灯火已经点燃。有趣的是，此灯的灯柱上部分出了弯杈，支撑起来一枚圆形的荷叶，其心正映着火光。据考证，这件灯具上的荷叶，是用于反光的[119]。它说明中国早在 11 世纪末，就知道运用反光来增加灯具的亮度这个原理了。

图 256 为 1 件近代英国铁路信号灯。由铁皮制作，灯前有凸透镜，为手提式信号灯。这类灯具在中国多有传世品流传至今。

图 257 为 1 件近代中俄组合式铜烛台与油灯。

此灯具可分为烛台和油灯两部分。烛台有管插，柄为竹节状，下附承盘。烛台上有俄文题款及编号。烛台上并安置有油壶，其圆柱油壶多见于山西境内[120]，如果给壶内加油，此烛台便可当油灯用。

晋商清代天下闻名，足迹遍布欧亚大陆，因此组合式铜烛台（油灯），应是晋商与俄国交流的实物证据。

伍｜结　语

纵观儒室灯堂收藏的灯具，有以下几个特点：

一是数量多。儒室灯堂所藏历代灯具约千余件，是古灯收藏的翘楚。

二是种类全。灯具以质地而论，有陶、釉陶、瓷、铜、铁、锡、玉石、木、竹等质地，一应俱全；按照其用途，又有油灯、烛台、煤油灯以及异域灯具，蔚为大观。

三是自成体系，灯具藏品上自战国时期，下至清末民国，上下两千余年，尚未出现断层。特别是以陶瓷灯具为其大宗，数千年连绵不绝，实属可贵。

四是精品繁多。战国时代的勾连云纹错银豆形玉灯、汉代的豆形狩猎纹釉陶灯、汉代的青铜豆形灯及青铜行灯、南北朝隋唐时期的石灯、唐宋时期的青釉灯、元代的黑釉灯盏及清代的青花瓷灯与各种烛台，均为藏品中之精品。

儒室灯堂的这些藏品，在中国灯具史上具有重要的学术价值和艺术价值，我们可以通过这些夺目精美、流光溢彩的灯具，了解中国古代灯具发展的脉络，探寻古代人们生活的一个精彩侧影。

中国古代的灯具，在当今的中国文物分类中，并没有像古代铜镜与古代钱币那样成为专学。但灯具的流行年代序列相对完整，具有丰富多样的时空特征和复杂结构，其内涵也包括了人们的信仰、技术的进步、工艺的精湛等诸方面的丰富内容。因此，我们相信古代灯具这一特定的历史遗物，在不久的将来，完全有可能成为专学，在中国文物的分类中，占有一席之地。

〔119〕
孙机：宣化辽金墓壁画拾零，寻常的精致，辽宁出版教育出版社，1996，第 71 页

〔120〕
竺惠明：瘦尽灯花又一宵，浙江摄影出版社，2011，第 80 页。

图版

PLATES

壹

战国秦汉时代灯具

Lamps from Warring States period, Qin & Han dynasties

001

鸟柱盘形陶灯

战国（公元前475年—公元前221年）

高13厘米，盘径20厘米

Pottery Lamp with a Bird Shaped Circular Column

Warring States Period (475BC-221BC)

Height 13cm, Diameter of saucer 20cm

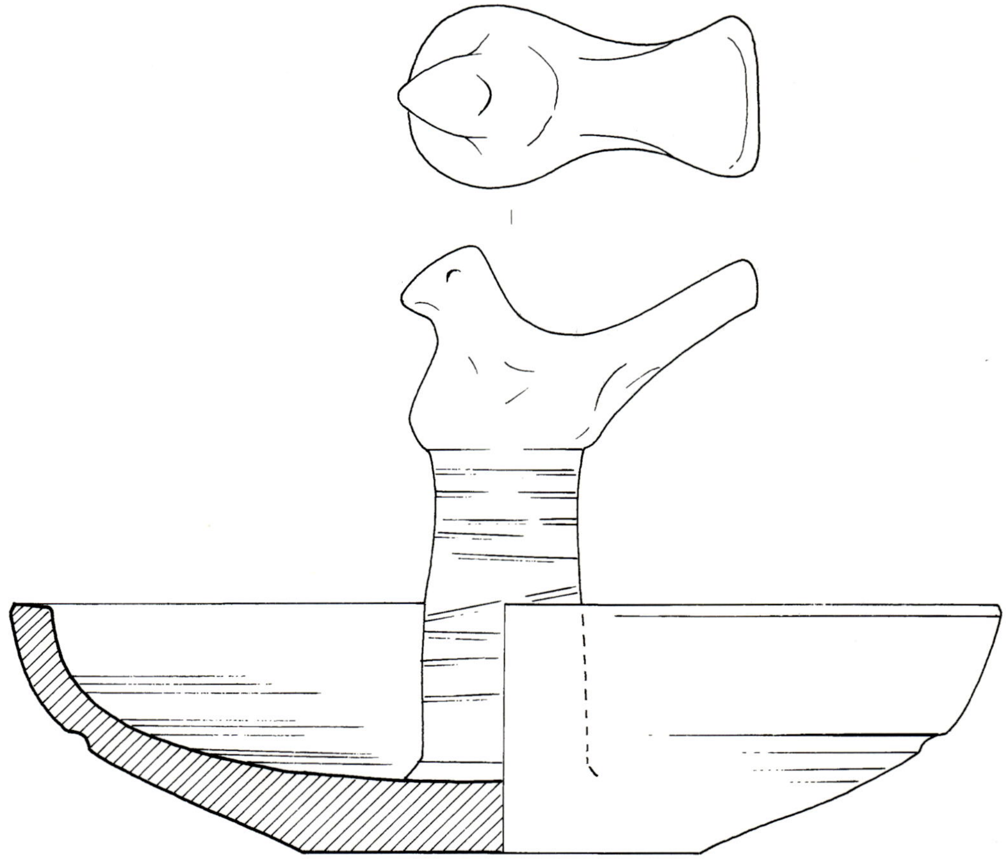

002

勾连云纹错银豆形玉灯

战国（公元前475年—公元前221年）

高13.6厘米，盘径10厘米

Silver Inlaid Jade Lamp

Warring States Period (475BC-221BC)

Height 13.6cm, Diameter of saucer 10cm

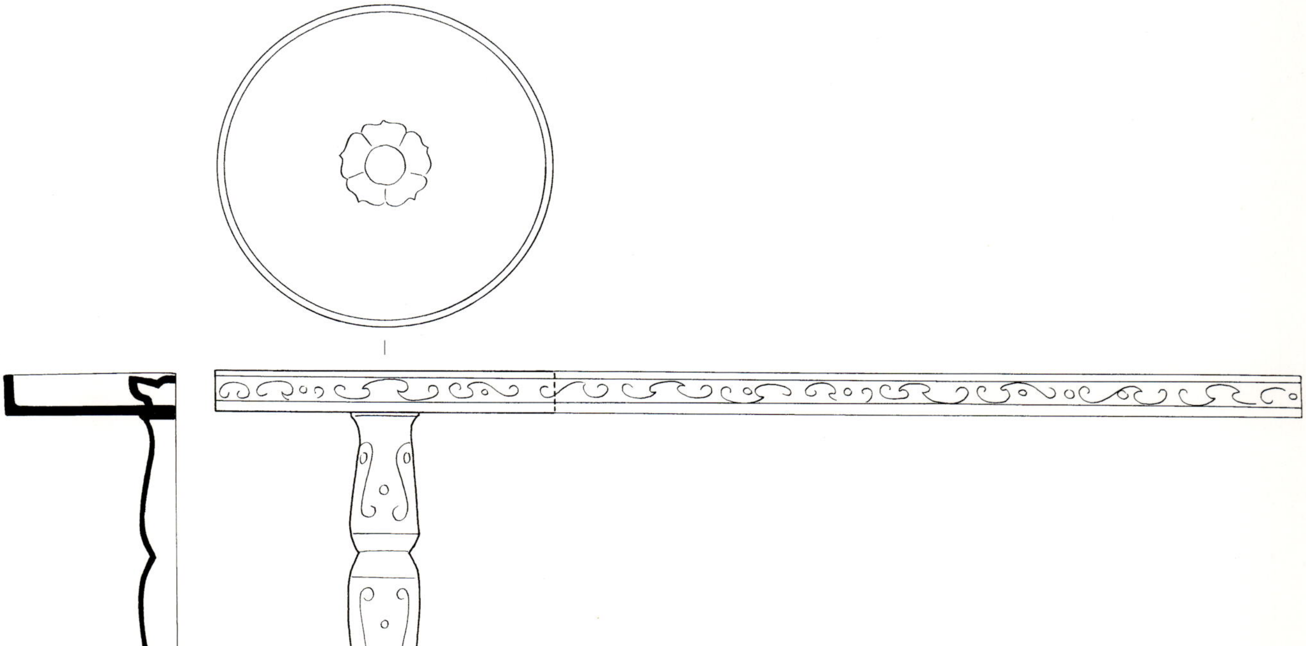

003

多枝陶灯

汉代（公元前206年—公元220年）

高24厘米

Painted Pottery Lamp with Three Bowls

Han Dynasty (206BC - 220AD)

Height 24cm

004

鸟形盘状陶灯

汉代（公元前 206 年—公元 220 年）

高 16 厘米

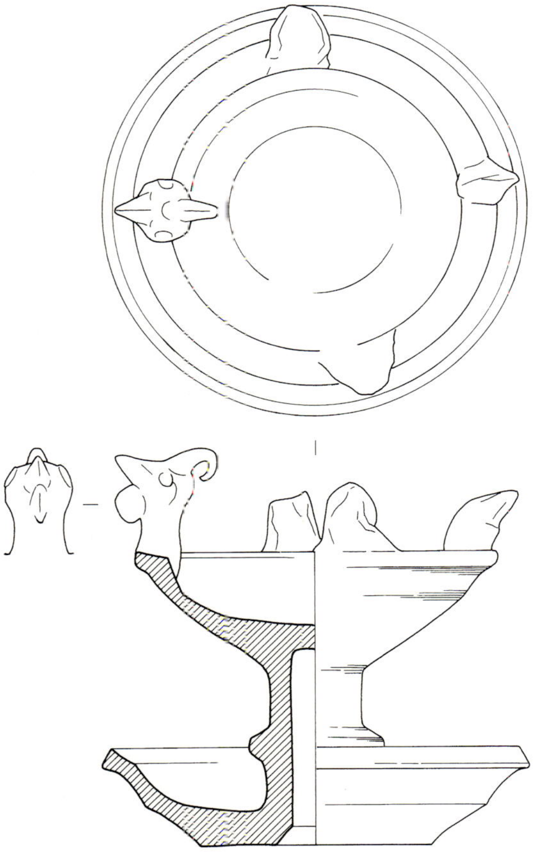

Green Glaze Pottery Lamp with Bird-shaped Bowl

Han Dynasty (206BC - 220AD)

Height 16cm

005

豆形灰陶灯

汉代（公元前 206 年—公元 220 年）

高 9.8 厘米，盘径 11.1 厘米

Pottery Lamp

Han Dynasty (206BC - 220AD)

Height 9.8cm;

Diameter of saucer 11.1cm

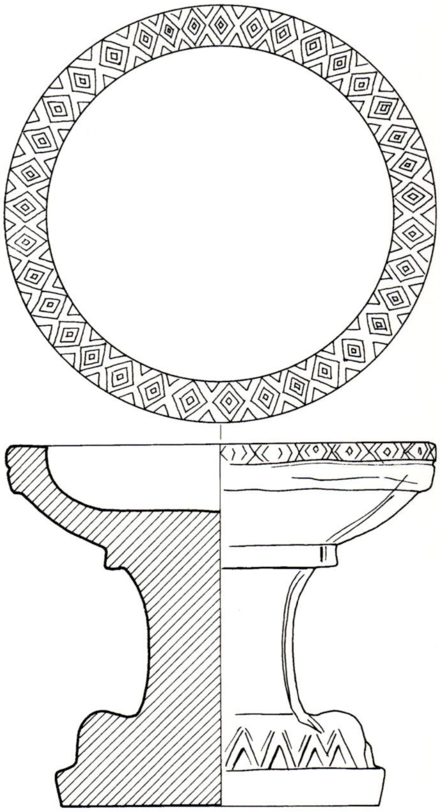

006

豆形彩绘陶灯

汉代（公元前 206 年—公元 220 年）

高 15 厘米，盘径 13.5 厘米

Painted Pottery Lamp

Han Dynasty (206BC - 220AD)

Height 15cm, Diameter of saucer 13.5cm

007

豆形酱黄釉陶灯

汉代（公元前 206 年—公元 220 年）

高 8 厘米，盘径 9.7 厘米

Pottery Lamp with Brown Glaze

Han Dynasty (206BC - 220AD)

Height 8cm, Diameter of saucer 9.7cm

008

豆形酱黄釉陶灯

汉代（公元前206年—公元220年）

高9厘米，盘径10厘米

Pottery Lamp with Brown Glaze

Han Dynasty (206BC - 220AD)

Height 9cm, Diameter of saucer 10cm

009

豆形酱黄釉陶灯

汉代（公元前206年—公元220年）

高8.3厘米，盘径9.2厘米

Pottery Lamp with Brown Glaze

Han Dynasty (206BC - 220AD)

Height 8.3cm, Diameter of saucer 9.2cm

010

豆形酱红釉陶灯

汉代（公元前 206 年—公元 220 年）

高 8.7 厘米，盘径 9 厘米

Pottery Lamp with Red Brown Glaze

Han Dynasty (206BC - 220AD)

Height 8.7cm, Diameter of saucer 9cm

011

豆形酱釉陶灯

汉代（公元前 206 年—公元 220 年）

高 8.5 厘米，盘径 8.8 厘米

Pottery Lamp with Black Brown Glaze

Han Dynasty (206BC - 220AD)

Height 8.5cm, Diameter of saucer 8.8cm

012

豆形酱釉陶灯

汉代（公元前 206 年—公元 220 年）
高 15.5 厘米，盘径 13.2 厘米

Pottery Lamp with Black Brown Glaze

Han Dynasty (206BC - 220AD)

Height15.5cm, Diameter of saucer 13.2cm

013

豆形绿釉陶灯

汉代（公元前 206 年—公元 220 年）
高 10.4 厘米，盘径 11.5 厘米

Pottery Lamp with Green Glaze

Han Dynasty (206BC - 220AD)

Height 10.4cm, Diameter of saucer 11.5cm

014

豆形狩猎纹釉陶灯

汉代（公元前 206 年—公元 220 年）

高 11.3 厘米，盘径 10.6 厘米

Glazed Pottery Lamp with Hutting Design

Han Dynasty (206BC - 220AD)

Height 11.3cm, Diameter of saucer 10.6cm

015

豆形狩猎纹釉陶灯

汉代（公元前 206 年—公元 220 年）

高 10.5 厘米，盘径 11.3 厘米

Brown Glazed Pottery Lamp with Hutting Design

Han Dynasty (206BC - 220AD)

Height 10.5cm, Diameter of saucer 11.3cm

016

豆形酱釉陶灯

汉代（公元前 206 年—公元 220 年）

高 11 厘米，盘径 11.8 厘米

Pottery Lamp with Brown Glaze

Han Dynasty (206BC - 220AD)

Height 11cm, Diameter of saucer 11.8cm

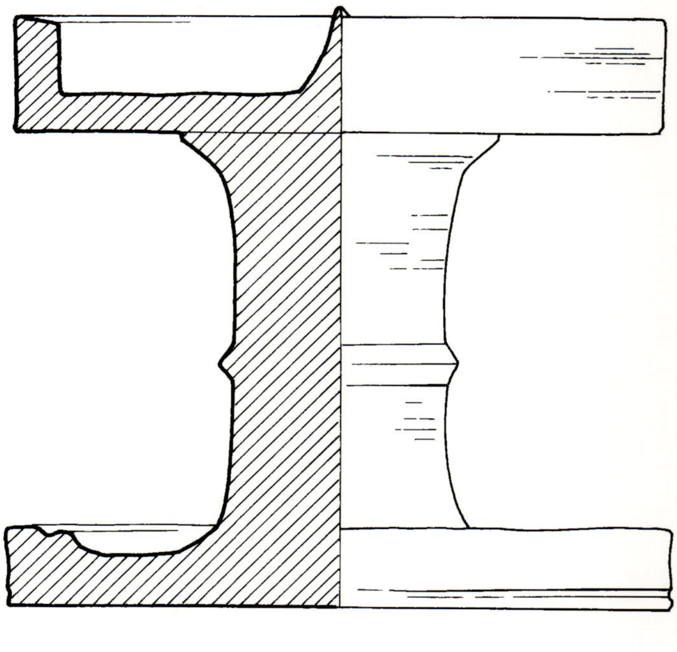

017

豆形青铜灯

汉代（公元前 206 年—公元 220 年）

高 32 厘米，盘径 19 厘米

Bronze Lamp

Han Dynasty (206BC - 220AD)

Height 32cm, Diameter of saucer 19cm

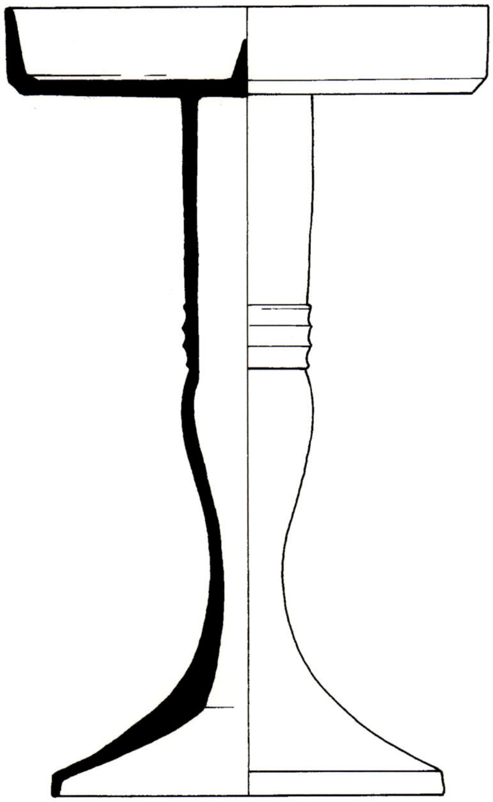

018

豆形青铜灯

汉代（公元前206年—公元220年）

高22厘米

Bronze Lamp

Han Dynasty (206BC - 220AD)

Height 22cm

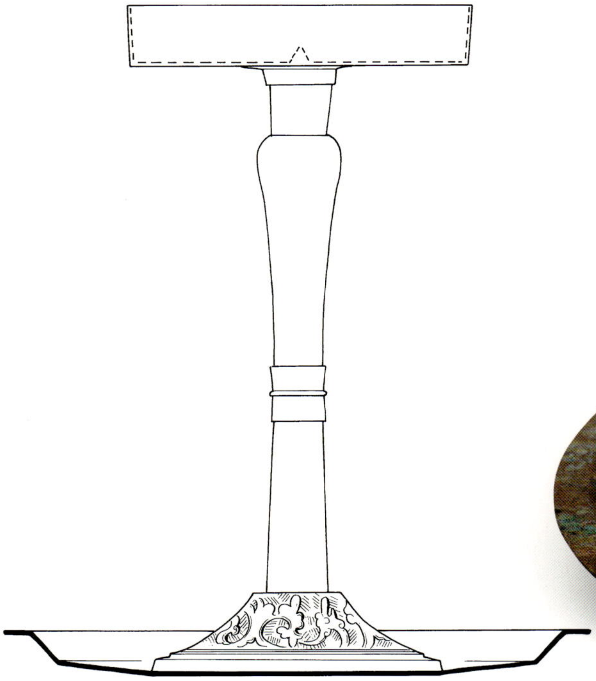

019

豆形青铜灯

汉代（公元前 206 年—公元 220 年）

高 11.5 厘米，盘径 14.5 厘米

Bronze Lamp

Han Dynasty (206BC - 220AD)

Height 11.5cm,

Diameter of saucer 14.5cm

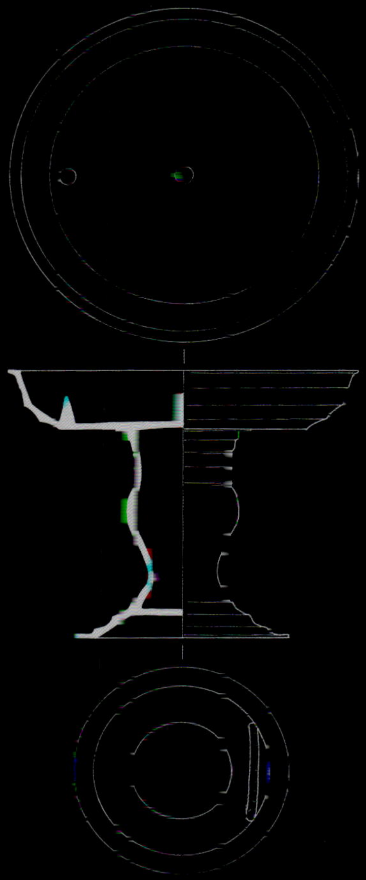

020

豆形青铜灯

汉代（公元前206年—公元220年）

高11.8厘米，盘径9.3厘米

Bronze Lamp

Han Dynasty (206BC - 220AD)

Height 11.8cm;

Diameter of saucer 9.3cm

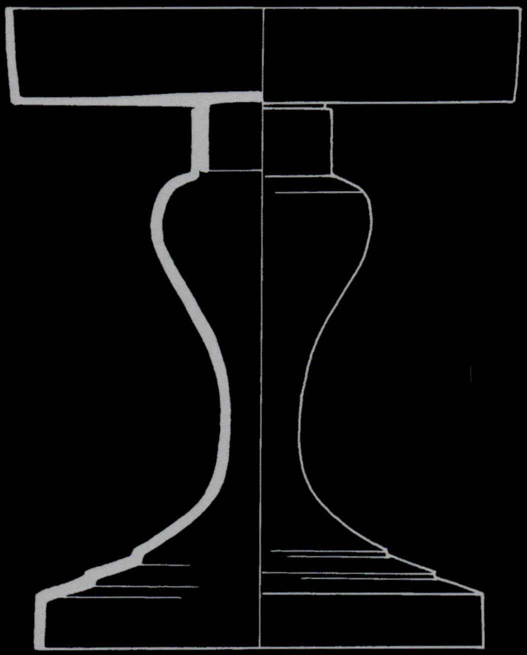

021

豆形带罩青铜灯

汉代（公元前 206 年—公元 220 年）

高 19 厘米，盘径 12 厘米

Bronze Lamp with Lampshade

Han Dynasty (206BC - 220AD)

Height 19cm,

Diameter of saucer 12cm

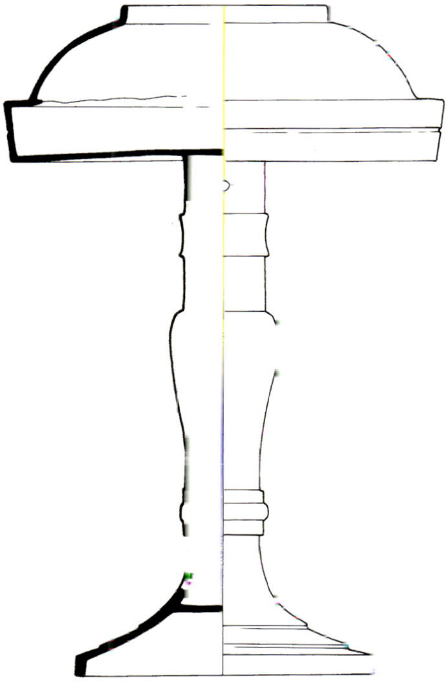

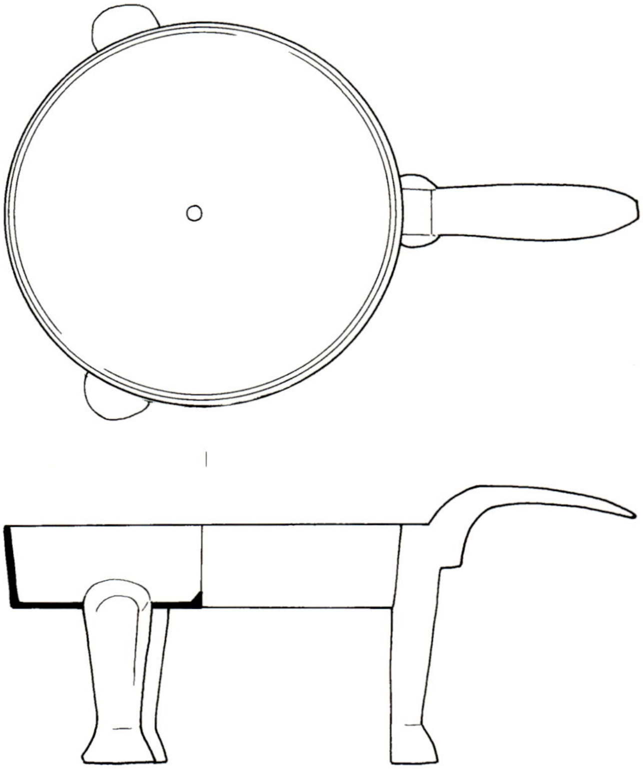

022

青铜行灯

汉代（公元前206年—公元220年）

高6厘米，盘径8.5厘米

Bronze Lamp with Handle

Han Dynasty (206BC - 220AD)

Height 6cm, Diameter of saucer 8.5cm

023

青铜行灯

汉代（公元前206年—公元220年）

高7.6厘米，长12.4厘米

Bronze Lamp with Handle

Han Dynasty (206BC - 220AD)

Height 7.6cm, Length 12.4cm

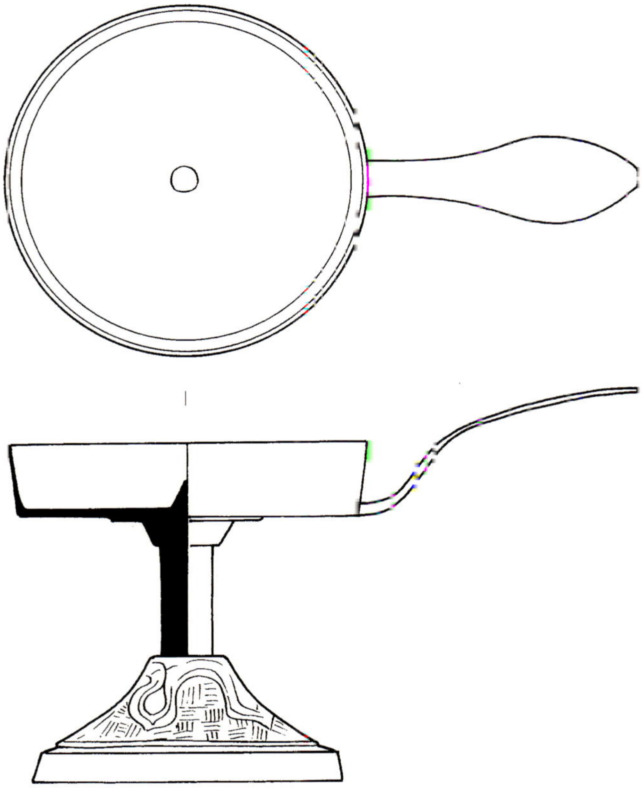

024

青铜行灯（辘轳灯）

汉代（公元前 206 年—公元 220 年）

长 14.2 厘米，宽 6.3 厘米，高 8 厘米

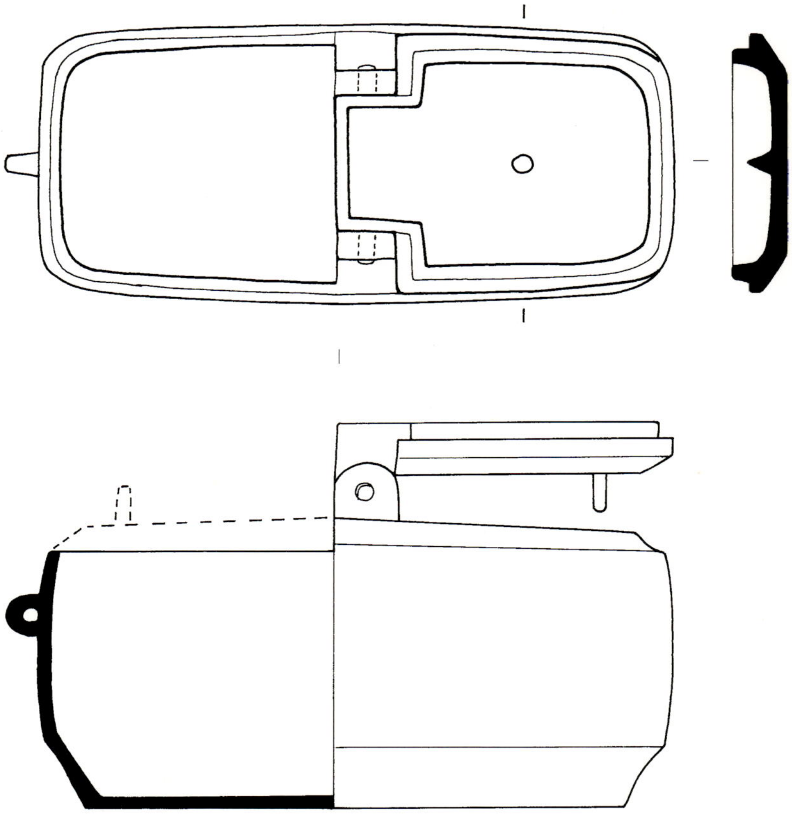

Box-shaped Bronze Lamp

Han Dynasty (206BC - 220AD)

Length 14.2cm,

Width 6.3cm, Height 8cm

025

青铜行灯（薰炉灯）

汉代（公元前206年—公元220年）

高11.7厘米，长19厘米

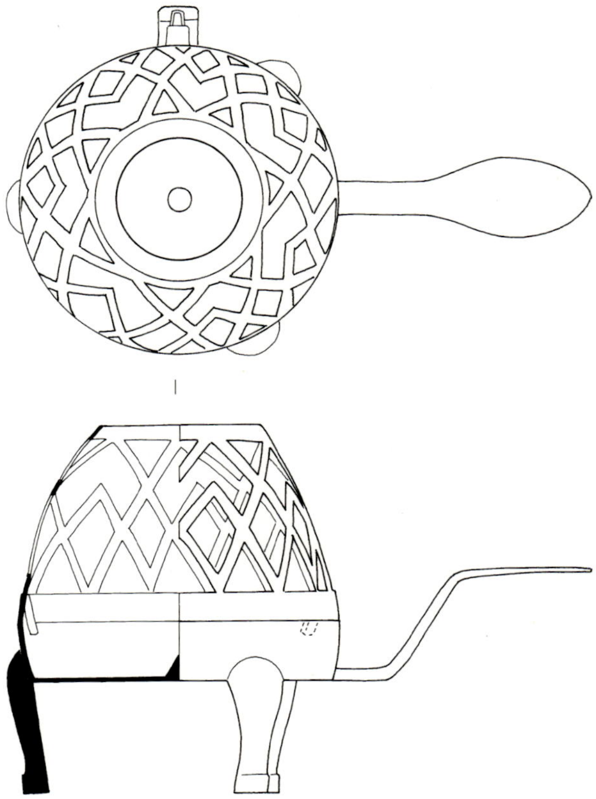

Bronze Lamp with Lampshade

Han Dynasty(206BC - 220AD)

Height 11.7cm, Length 19cm

026

铁行灯

汉代（公元前206年—公元220年）

高3厘米，长13.4厘米

Iron Lamp with Dragon-shaped Handle

Han Dynasty (206BC - 220AD)

Height 3cm, Length 13.4cm

027

铁吊灯

汉代（公元前 206 年—公元 220 年）

高 3.7 厘米，直径 11.4 厘米

Iron Hanging Lamp with Three Legs and Three Loops

Han Dynasty (206BC - 220AD)

Height 3.7cm, Diameter 11.4cm

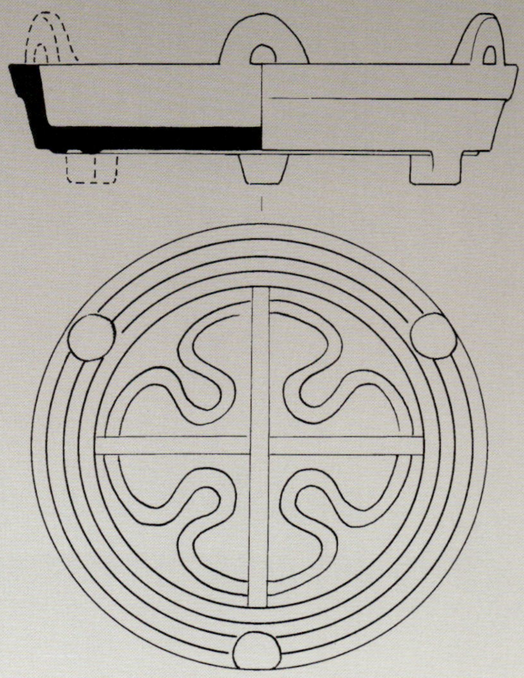

028

豆形石灯

汉代（公元前 206 年—公元 220 年）

高 10.5 厘米，盘径 11.2 厘米

Stone Lamp

Han Dynasty (206BC - 220AD)

Height 10.5cm, Diameter of saucer 11.2cm

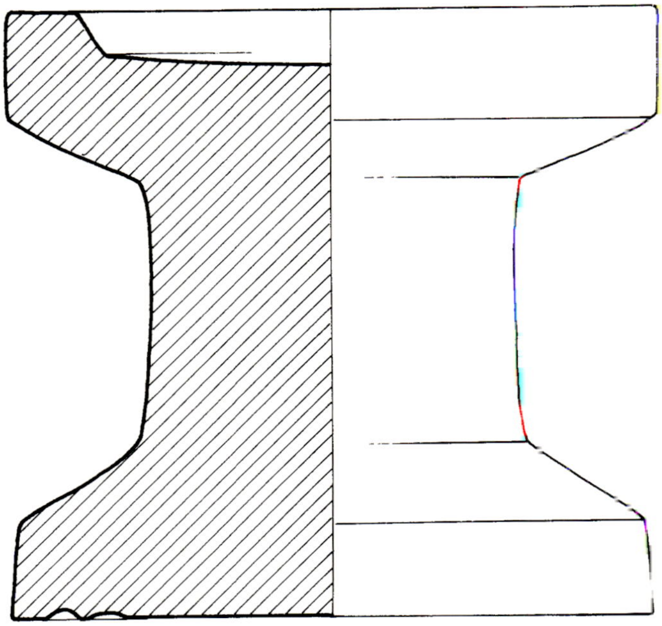

忍

贰

魏晋至清末民初的灯具

Lamps from Wei Jin Period to Early 20 Century

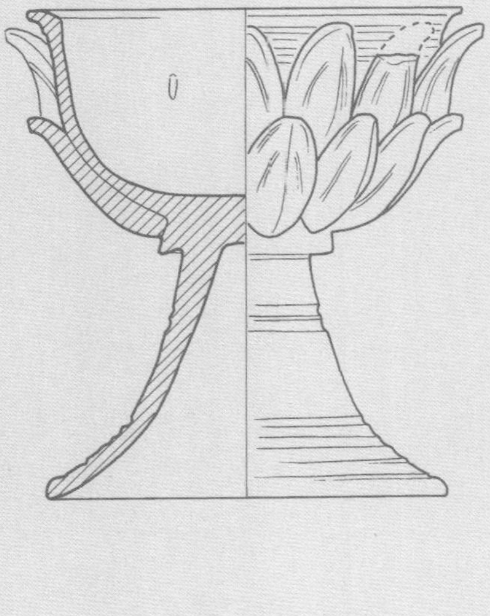

029

豆形绿釉陶灯

魏晋（公元220年—公元420年）
高10.6厘米，盘径10.2厘米

Pottery Lamp with Green Glaze

Wei Jin Period (220AD — 420AD)

Height10.6cm, Diameter of saucer 10.2cm

030

豆形陶灯

魏晋（公元220年—公元420年）
高11厘米，盘径9厘米

Pottery Lamp

Wei Jin Period (220AD — 420AD)

Height 11cm, Diameter of saucer 9cm

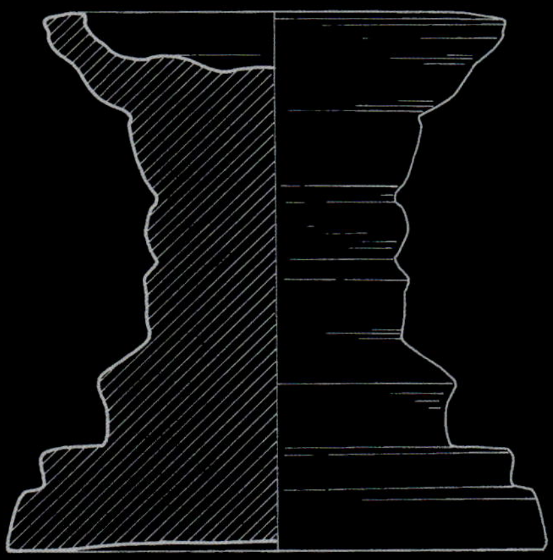

031

仰莲酱釉陶灯

隋代（581年—618年）

高13.3厘米，口径12厘米

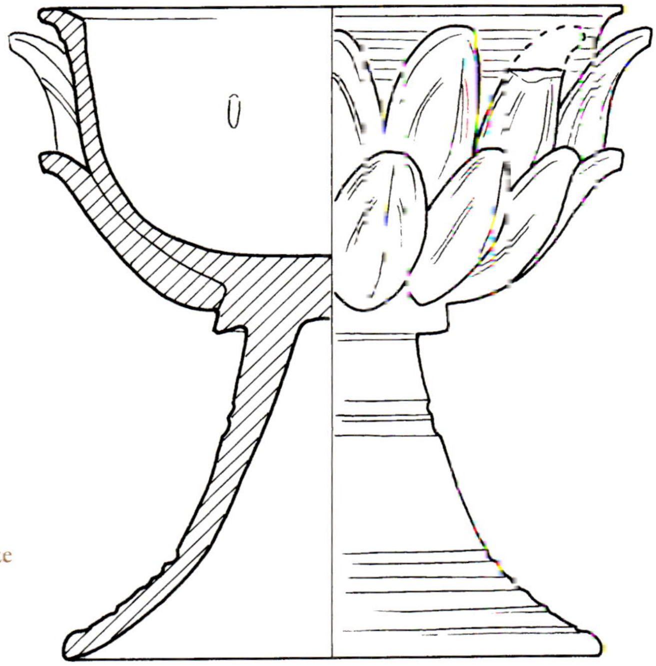

Louts-flower-shaped Lamp with Green Brown Glaze

Sui Dynasty (581-618AD)

Height 13.3cm, Diameter of saucer 12cm

032

白釉瓷灯

唐代（618年—907年）

高6.5厘米，口径9.5厘米

Porcelain Lamp with White Glaze

Tang Dynasty (618-907AD)

Height 6.5cm, Diameter of saucer 9.5cm

033

黑釉瓷灯

唐代（618年—907年）

高6厘米，口径8.5厘米

Porcelain Lamp with Black Glaze

Tang Dynasty(618-907AD)

Height 6cm, Diameter of saucer 8.5cm

034

青釉瓷灯

唐代（618年—907年）
高7厘米，口径10.5厘米

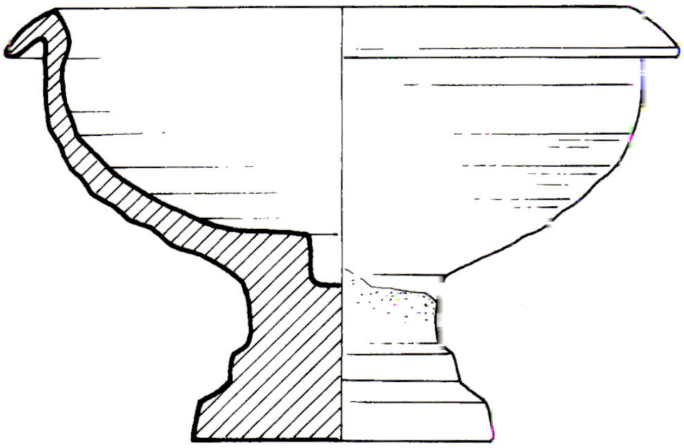

Celadon Lamp

Tang Dynasty (618-907AD)

Height 7cm;Diameter of saucer 10.5cm

035

酱釉瓷灯

唐代（618年—907年）
高6.5厘米，口径12厘米

Porcelain Lamp with Red Brown Glaze

Tang Dynasty (618-907AD)

Height 6.5cm, Diameter of saucer 12cm

036

茶叶末釉灯盏

唐代（618年—907年）
高3.7厘米，口径10厘米

Porcelain Lamp with 'Tea-dust' Glaze

Tang Dynasty (618-907AD)

Height 3.7cm, Diameter 10cm

037

黑釉灯盏

唐代（618年—907年）
高2.5厘米，口径9厘米

Porcelain Lamp with Black Glaze

Tang Dynasty (618-907AD)

Height 2.5cm, Diameter 9cm

038

白釉瓷灯

唐代—五代（618年—960年）

高27.3厘米

Porcelain Lamp with White Glaze

Tango Dynasty — Five Dynasties (618-960AD)

Height 27.3cm

039

青釉瓷灯

宋代（960 年—1279 年）

高 6.6 厘米，口径 8.4 厘米

Celadon Lamp

Song Dynasty (960-1279AD)

Height 6.6cm, Diameter of saucer 8.4cm

040

青瓷釉灯

宋代（960 年—1279 年）

高 6.2 厘米，口径 8.3 厘米

Celadon Lamp

Song Dynasty (960-1279AD)

Height 6.2cm, Diameter of saucer 8.3cm

041

绿釉瓷灯

宋代（960年—1279年）

高9厘米，口径10厘米

Porcelain Lamp with Green Glaze

Song Dynasty (960-1279AD)

Height 9cm, Diameter of saucer 10cm

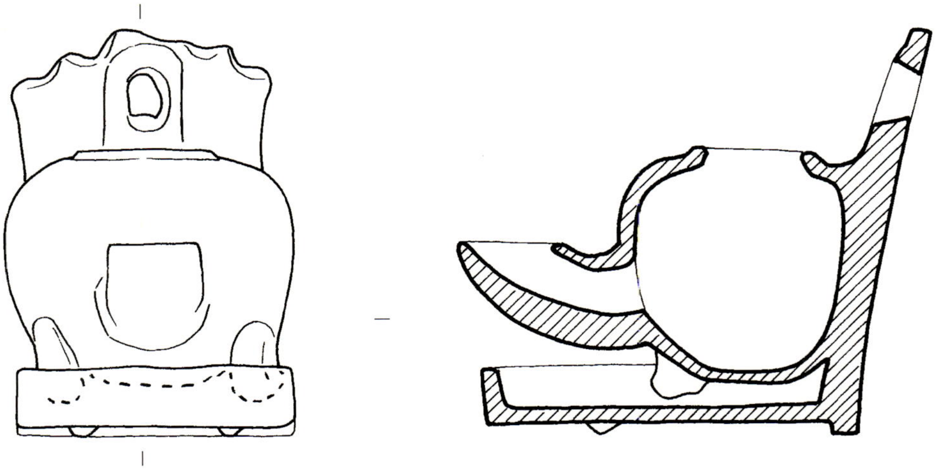

042

壁挂青白釉瓷灯

宋代（960年—1279年）

高7厘米

Celadon Lamp

Song Dynasty (960-1279AD)

Height 7cm

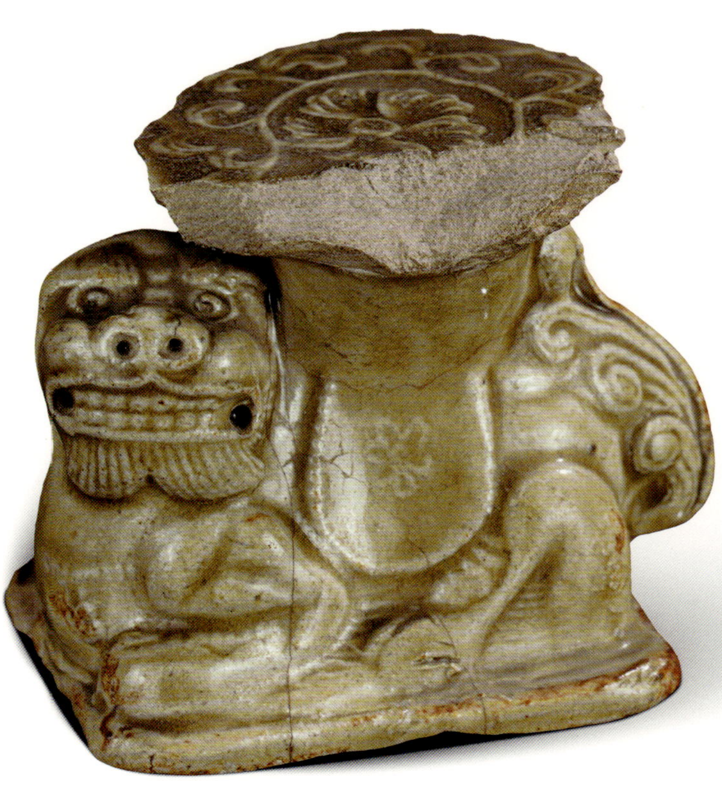

043

狮座姜黄釉瓷灯

宋代（960年—1279年）

残高6.2厘米，长7.8厘米

Lion-shaped Celadon Lamp

Song Dynasty (960-1279AD)

Height 6.2cm, Length 7.8cm

044

五头黑釉瓷灯

宋代（960 年—1279 年）

高 4.2 厘米，口径 14.5 厘米

Porcelain Lamp with Black Glaze

Song Dynasty (960-1279AD)

Height 4.2cm, Diameter 14.5cm

045

省油黑釉瓷灯

宋代年—明代（960 年—1644 年）

高 3.9 厘米，口径 6.5 厘米

Porcelain Economizing Lamp with Black Glaze

Song Dynasty — Ming Dynasty (960-1644AD)

Height 3.9cm, Diameter 6.5cm

046

黑釉灯盏

元代年—明代（1271 年—1644 年）

高 4 厘米，口径 10.3 厘米

Porcelain Lamp with Black Glaze

Yuan Dynasty — Ming Dynasty (1271-1644AD)

Height 4cm, Diameter 10.3cm

047

黑釉灯盏

元代年—明代（1271年—1644年）

高4.5厘米，口径12厘米

Porcelain Lamp with Black Glaze

Yuan Dynasty — Ming Dynasty (1271-1644AD)

Height 4.5cm, Diameter 12cm

048

黑釉灯盏

元代年—明代（1271 年—1644 年）

高 4.8 厘米，口径 10.5 厘米

Porcelain Lamp with Black Glaze

Yuan Dynasty — Ming Dynasty (1271-1644AD)

Height 4.8cm, Diameter 10.5cm

049

黑陶灯

元代（1271 年—1368 年）

高 20 厘米

Pottery Lamp

Yuan Dynasty (1271-1368AD)

Height 20cm

050

黑陶灯

元代（1271 年—1368 年）

高 13.5 厘米

Pottery Lamp

Yuan Dynasty (1271-1368AD)

Height 13.5cm

051

青花瓷罩灯

清代（1644年—1911年）

高18.8厘米，直径13.6厘米

Blue and White Porcelain Lamp

Qing Dynasty (1644 - 1911AD)

Height 18.8cm, Diameter 13.6cm

052

山水纹青花瓷灯

清代（1644年—1911年）

高21厘米

Blue and White Porcelain Lamp

Qing Dynasty (1644-1911AD)

Height 21cm

053

长嘴黑釉瓷灯

清代（1644年—1911年）

高10.2厘米，长16厘米

Porcelain Hanging Lamp with Black Glaze

Qing Dynasty (1644-1911AD)

Height 10.2cm, Length 16cm

054

长嘴黑釉瓷灯

清代（1644年—1911年）

高9.4厘米，长15厘米

Porcelain Hanging Lamp with Black Glaze

Qing Dynasty (1644-1911AD)

Height 9.4cm, Length 15cm

055

黑釉瓷灯（两件）

清代（1644年—1911年）
通高25.5厘米（右）
通高22厘米（左）

Black Glaze Porcelain Lamp with Iron Hook (two pieces)

Qing Dynasty (1644-1911AD)

Height 22cm, Height 25.5cm

056

黑釉双把手豁嘴灯

清代（1644年—1911年）
高18厘米

Porcelain Lamp with Black Glaze

Qing Dynasty (1644-1911AD)

Height 18cm

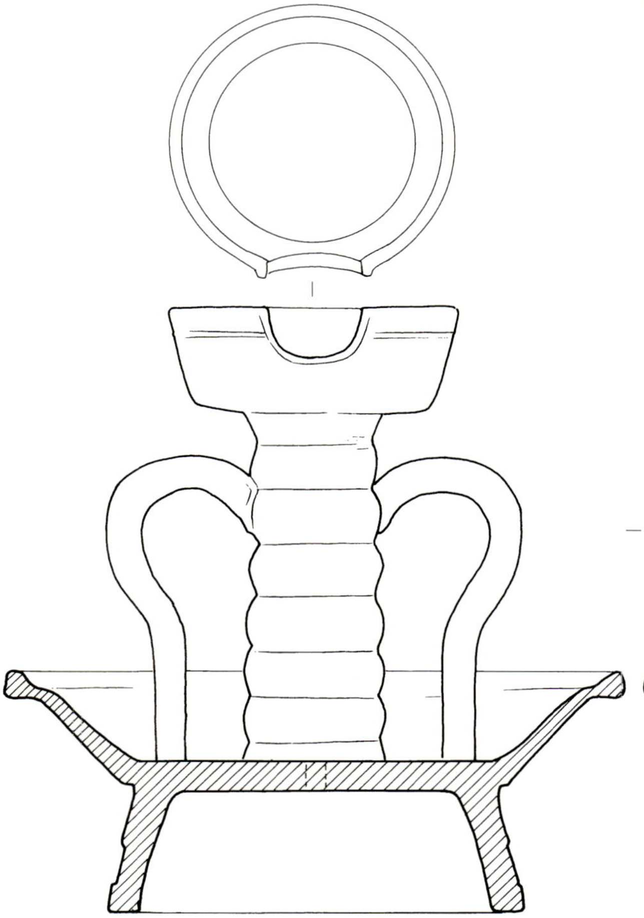

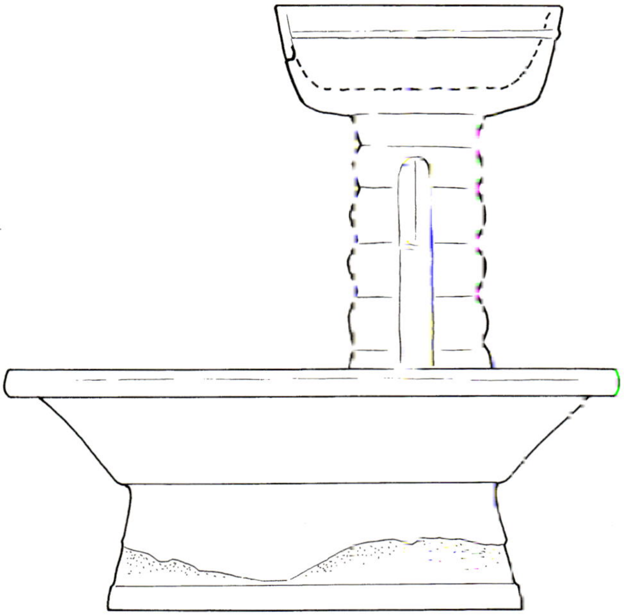

057

黑釉双把手豁嘴灯

清代（1644年—1911年）

高18厘米

Porcelain Lamp with Black Glaze

Qing Dynasty (1644-1911AD)

Height 18cm

058

童子形瓷灯

民国

高 18.5 厘米

Child-shaped Porcelain Lamp

Early 20 Century

Height 18.5cm

059

黑釉瓷灯

清末民初

高 40 厘米

Porcelain Lamp with Black Glaze

Later 19 Century — Early 20 Century

Height 40cm

060

寿字铜灯（一对）

清末民初

高 20.4 厘米

Copper Lamps (one pair)

Later 19 Century — Early 20 Century

Height 20.4cm

061

铜灯与烛台三件套

清末民初

灯高60厘米，烛台高47.5厘米

Copper Lamp & Candleholders (one set with three pieces)

Later 19 Century — Early 20 Century

Height of Lamp 60cm, Height of Candleholders 47.5cm

062

壶形铜灯与烛台（两用）

清末民初

通高28厘米

Copper Lamp/Candleholder

Later 19 Century — Early 20 Century

Height 28cm

063

莲花形铁灯

清代　光绪 13 年（1877 年）

高 29.5 厘米，容积 1450 毫升

◎『太白山八仙台神一盏光绪十三年』款

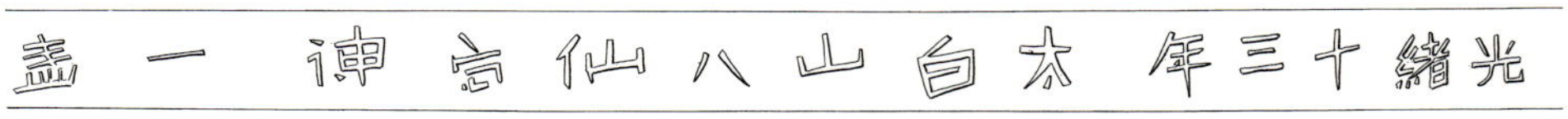

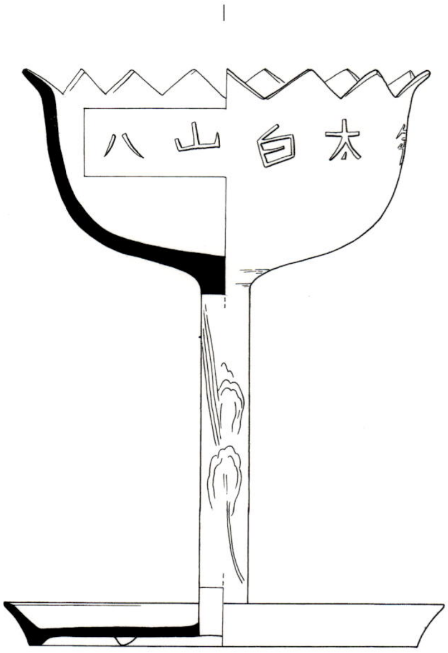

Lotus-shaped Iron Lamp

13th Year of Guangxu, Qing Dynasty (1887)

Height 29.5cm, cubage 1450ml

064

长杆铁灯

清代（1644年—1911年）

高40厘米

◎『明灯高照』款

Iron Lamp

Qing Dynasty (1644-1911AD)

Height 40cm

明灯高照

065

长杆铁灯

清代（1644年—1911年）

通高 39.5厘

Iron Lamp

Qing Dynasty (1644-1911AD)

Height 39.5cm

066

罐形铁灯

清末民初

高 11.8 厘米，口径 15 厘米，容积 1200 毫升

◎『保春院』款

Iron Lamp

Later 19 Century — Early 20 Century

Height 11.8cm, Diameter 15cm;

Cubage 1200ml

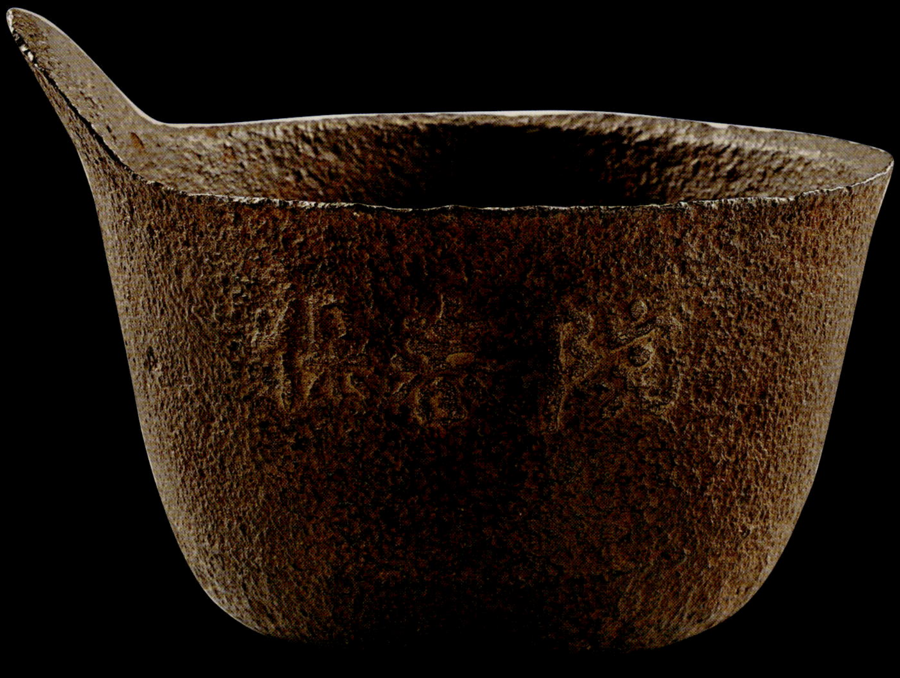

067

钟形锡灯

清末民初

高 9.6 厘米

Tin Lamp

Later 19 Century — Early 20 Century

Height 9.6cm

068

铁柄黑釉瓷灯

清末民初

灯高 4.8 厘米，通长 43.5 厘米

Black Glazed Porcelain Lamp with Iron Handle

Later 19 Century — Early 20 Century

Height 4.8cm, Length 43.5cm

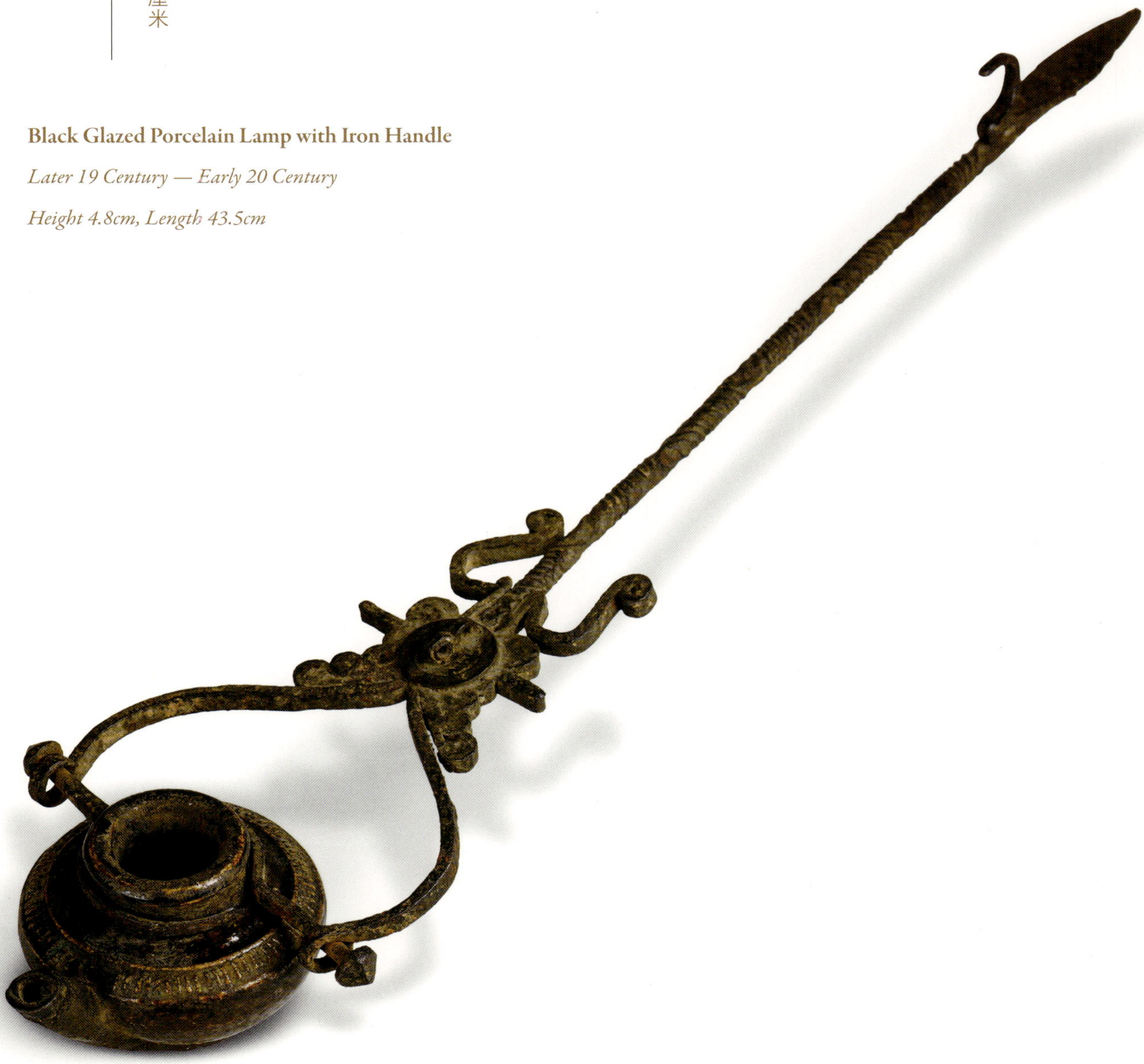

069

铁插黑釉瓷灯

清末民初

高 8 厘米，通长 22.5 厘米

Black Glazed Porcelain Lamp with a Long Iron Pin

Later 19 Century — Early 20 Century

Height 8cm, Length 22.5cm

070

靴子形黄釉陶灯

近代

高 10.5 厘米，长 18 厘米

Pottery Lamp with Yellow Glaze

Later 19 Century — Early 20 Century

Height 10.5cm, Length 18cm

071

石灯屏

清代　同治六年（1867年）

高29厘米，长39厘米，重18千克

◎『灯火石 同治六年』款

Stone Screen of Lamp

The 6th Year of Tongzhi, Qing Dynasty (1867)

Height 29cm, Length 39cm, Weight 18kg

072

椅子形竹灯

民国

通高 30 厘米

Bamboo Lamp

Early 20 Century

Height 30cm

073

胡人抱子绿釉烛台

汉代（公元前206年—公元220年）

残高18.6厘米

Green Glazed Pottery Candleholder in the Shape of a Foreigner Holding a Baby

Han Dynasty (206BC - 220AD)

Height 18.6cm

074

青瓷烛台

隋代（581年—618年）

高8.2厘米

Celadon Candleholder

Sui Dynasty (581-618AD)

Height 8.2cm

075

黑陶烛台

元代（1271年—1368年）

高17厘米

Pottery Candleholder

Yuan Dynasty (1271-1368AD)

Height 17cm

076—079

黑釉瓷烛台 4 件

清代（1644 年—1911 年）
（1）高 13.5 厘米
（2）高 12 厘米
（3）高 11.3 厘米
（4）高 13.2 厘米

Porcelain Candleholders with Black Glaze (four pieces)

Qing Dynasty (1644-1911AD)

(1) Height 13.5cm, (2) Height 12cm,

(3) Height 11.3cm, (4)Height 13.2cm

（1）　（2）　（3）　（4）

080

蓝釉瓷烛台一对

清代（1644年—1911年）

高20厘米

Porcelain Candleholders with Blue Glaze (one pair)

Qing Dynasty (1644-1911AD)

Height 20 cm

081

梯形青花烛台

清代　同治八年（1869年）

高13.5厘米，重1.2千克

◎『忍邇袁训孙　同治八年办用』款

Blue and White Porcelain Candleholder

The Eight Year of Tongzhi Period, Qing Dynasty (1869)

High 13.5cm, Weight 1.2kg

082

梯形青花烛台

清代　同治十年（1871 年）

高 13.5 厘米

◎『金玉满堂　同治十年』款

Blue and White Porcelain Candleholder

The Tenth Year of Tongzhi Period, Qing Dynasty (1871)

Height 13.5cm

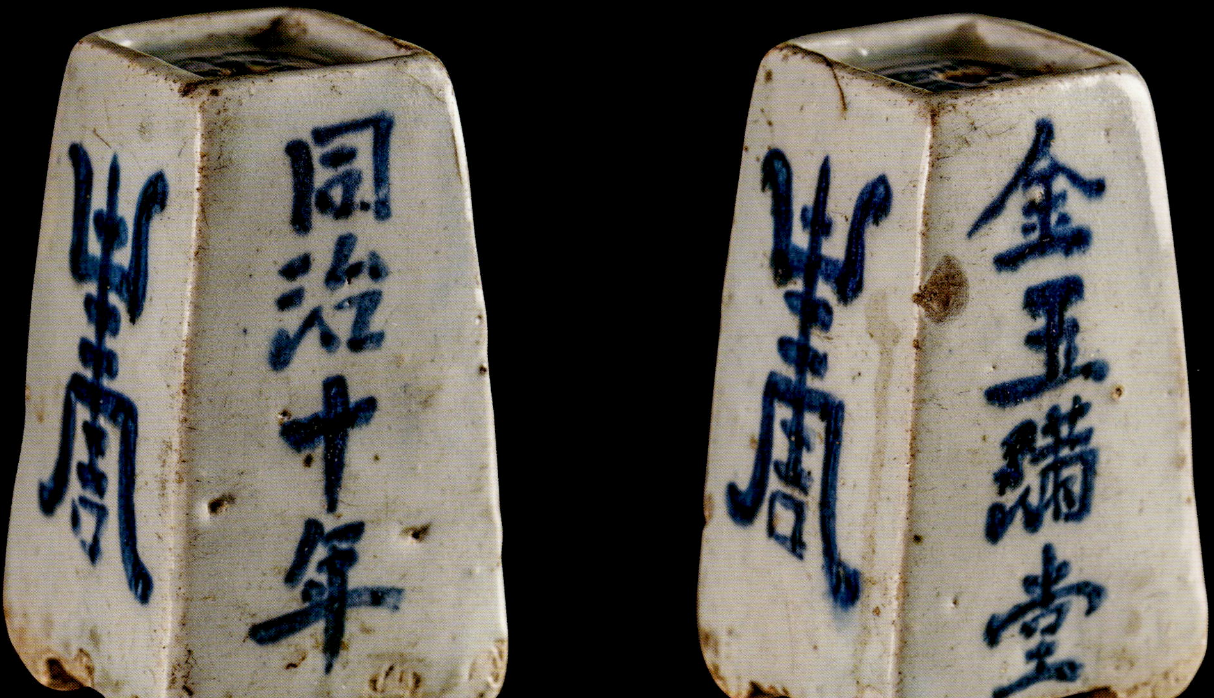

083

梯形青花烛台

清代　光绪三年（1877年）

高7厘米

◎『满堂富贵 财源茂盛 四季纯红 光绪三年』、『吴贵堂办』款

Blue and White Porcelain Candleholder

The Third Year of Guangxu Period, Qing Dynasty (1877)

Height 7cm

084

梯形青花烛台

◎『满堂洪福 福禄寿喜 长命富贵 光绪三年』款

清代 光绪三年（1877年）

高9.3厘米

Blue and White Porcelain Candleholder

The Third Year of Guangxu Period, Qing Dynasty (1877)

Height 9.3cm

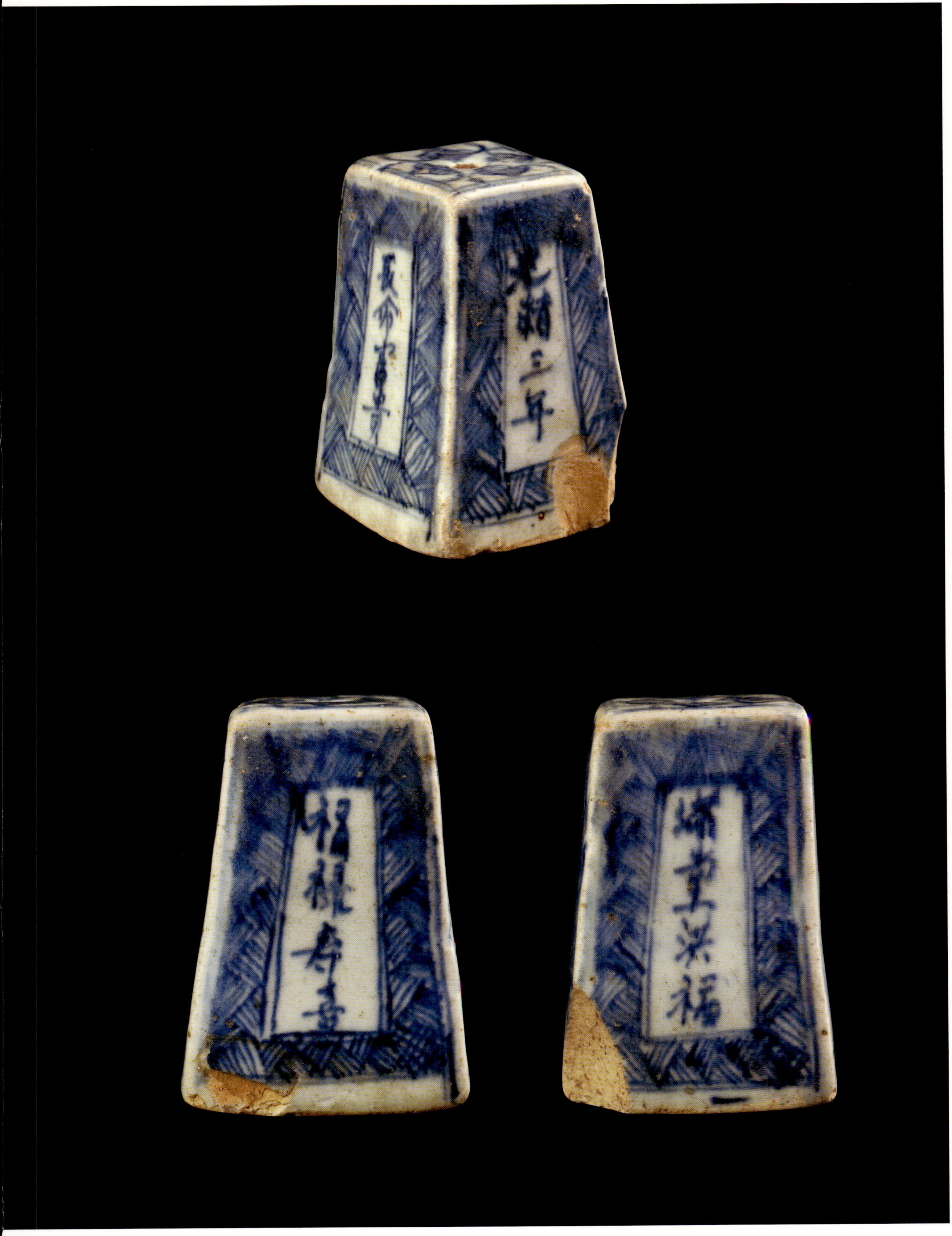
長命富貴
光緒三年
福祿壽喜

085

梯形青花烛台

清代　光绪十九年（1893 年）

高 9 厘米

◎『光绪十九年用』款

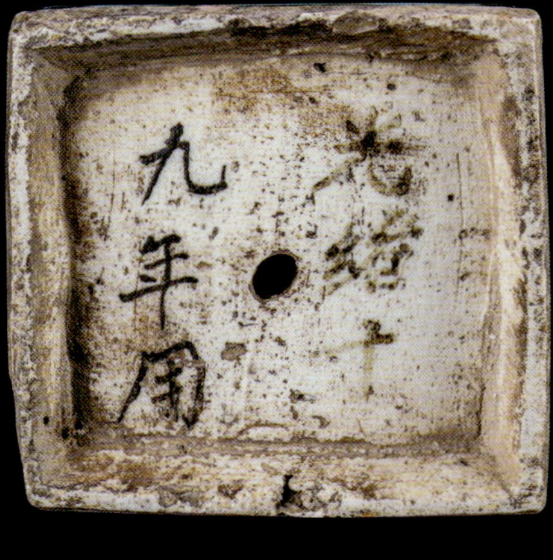

Blue and White Porcelain Candleholder

The 19th Year of Guangxu Period, Qing Dynasty (1893)

Height 9cm

086

梯形青花烛台

清代（1644 年—1911 年）

高 10.4 厘米

◎『张起元双喜』款

Blue and White Porcelain Candleholder

Qing Dynasty (1644-1911AD)

Height 10.4cm

087

鼓形青花烛台

清代　光绪丁亥年（1887年）

高5.5厘米

◎『酒情花谢黄金尽，花不留人酒不赊，光绪丁亥年制 孟秋月吉 旦戏笔 国赋公办』款

Blue and White Porcelain Candleholder

The Year of Dinghai, Guangxu Period, Qing Dynasty (1887)

Height 5.5cm

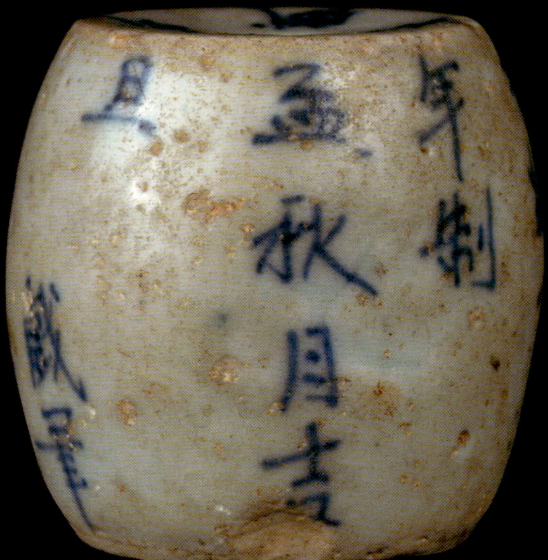

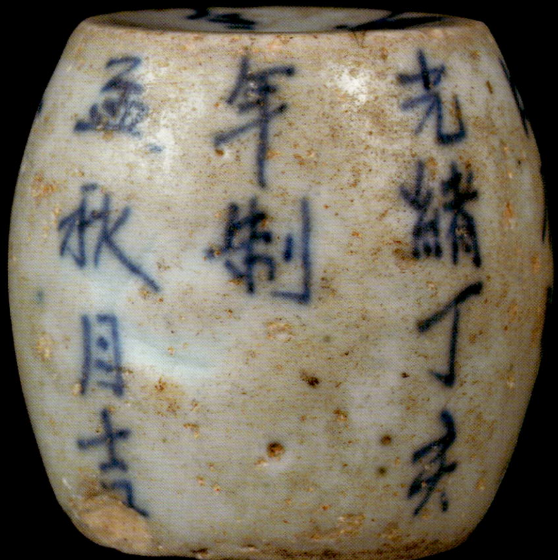

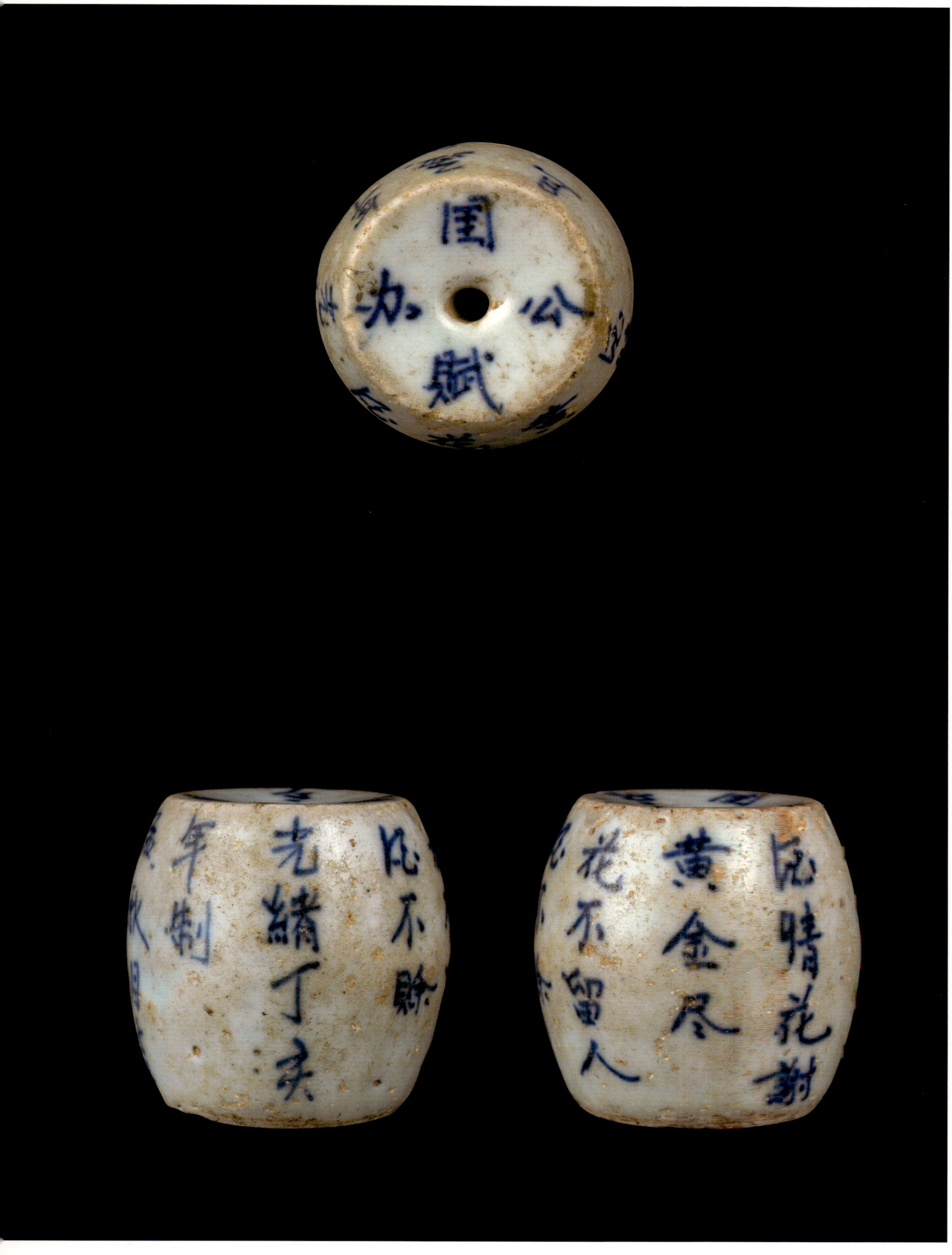

光緒丁未
年制
黃金尽
花不留人
風晴花謝

088

鼓形青花烛台

◎『光绪庚寅』款

清代 光绪庚寅（1890年）

高6.5厘米

Blue and White Porcelain Candleholder

The Year of Gengyin, Guangxu Period, Qing Dynasty (1890)

Height 6.5cm

089

鼓形青花烛台

◎『财原茂盛达山江 听则无声 叩则灵 光绪廿柒年』款

清代　光绪廿柒年（1901年）

高6.5厘米

Blue and White Porcelain Candleholder

The 27th Year of Guangxu, Qing Dynasty (1901)

Height 6.5cm

090

鼓形青花烛台一对

清代　光绪丁未（1907年）
高8厘米

◎『光绪丁未』款

Porcelain Candleholder (one pair)

The Year of Dingwei, Guangxu Period, Qing Dynasty (1907)

Height 8cm

091

猫形瓷烛台

近代

高 19 厘米

Cat-shaped Porcelain Candleholder

19 Century — Early 20 Century

Height 19cm

092

狮形瓷烛台

近代

高 23.5 厘米

Lion-shaped Porcelain Candleholder

19 Century — Early 20 Century

Height 23.5cm

093

梯形青花烛台

民国戊午年（1918年）

残高 10.1 厘米

◎ 民国戊午年 江有璜制 款

Blue and White Porcelain Candleholder

1918

Height 10.1cm

江有璜製
民國戊午年

094

蜡插式铜烛台

清末（1644年—1911年）

高16.5厘米

◎『悗凤』款

Copper Candleholder

Later Qing Dynasty (1644-1911)

Height 16.5cm

095

可调节铜烛台

清末（1644年—1911年）

高9.5厘米

◎『永义昌』『阎胥』印戳款

Adjustable Copper Candleholder

Later Qin Dynasty (1644-1911)

Height 9.5cm

096

木烛台一对

高32厘米

清代 光绪廿六年（1900年）

◎ 墨书『绪廿六』款

Black Lacquer Wooden Candleholders (one pair)

The 26th Year of Guangxu Period, Qing Dynasty (1900)

Height 32cm

097

寿字形锡烛台

民国

高 31.5 厘米

Tin Candleholder

Early 20 Century

Height 31.5cm

098

寿字形锡烛台

民国

高22厘米

◎『广友』印戳款

Tin Candleholder

Early 20 Century

Height 22cm

099

福字锡烛台一对

◎『聚和店造』印戳款

民国

高 18 厘米

Tin Candleholders (one pair)

Early 20 Century

Height 18cm

叁

石灯

Stone lamps

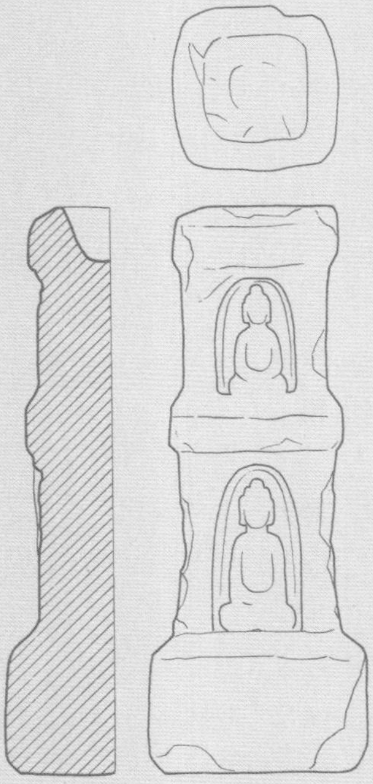

100

造像碑形石灯

北朝（386年—581年）

高32厘米，重6千克

Stone Lamp, Buddhist Stele Shaped

Northern Dynasties (386-581AD)

Height 32cm, Weight 6kg

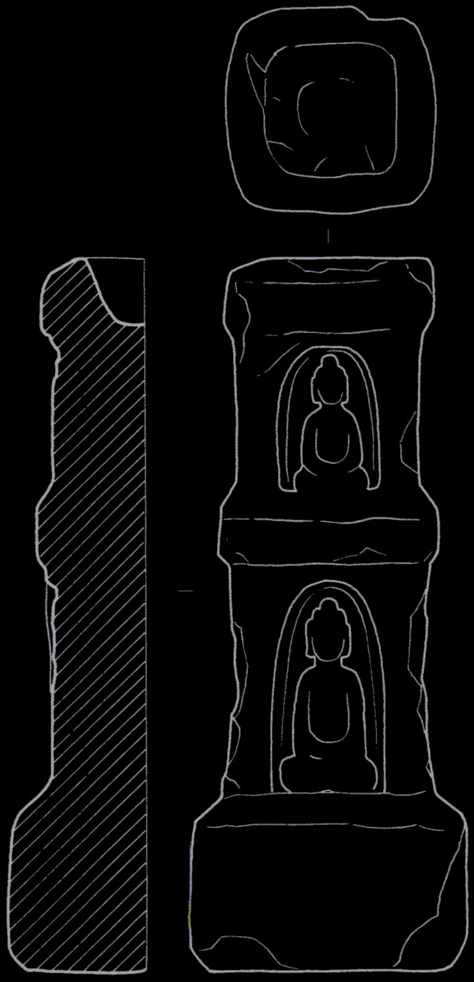

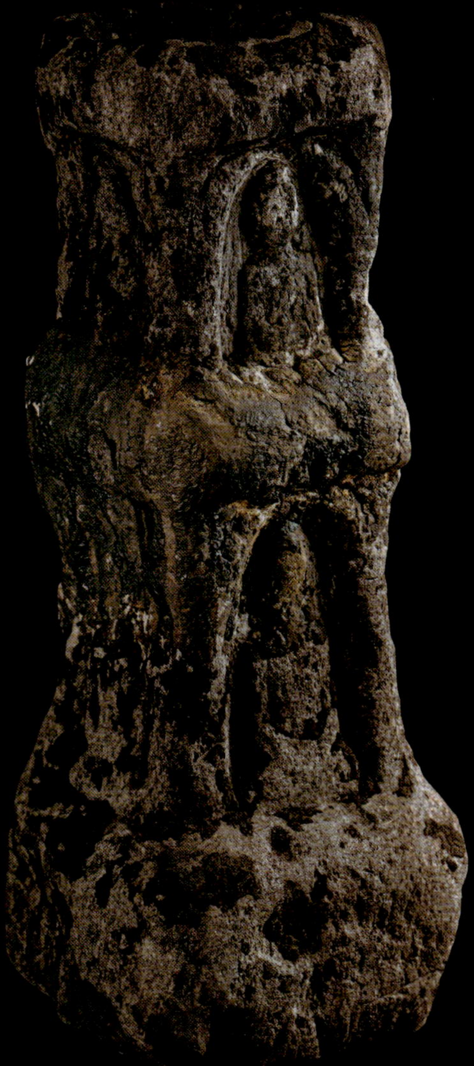

101

造像碑形石灯

北朝（386年—581年）

高24.5厘米，重6.1千克

Stone Lamp, Buddhist Stele Shaped

Northern Dynasties (386-581AD)

Height 24.5cm, Weight 6.1kg

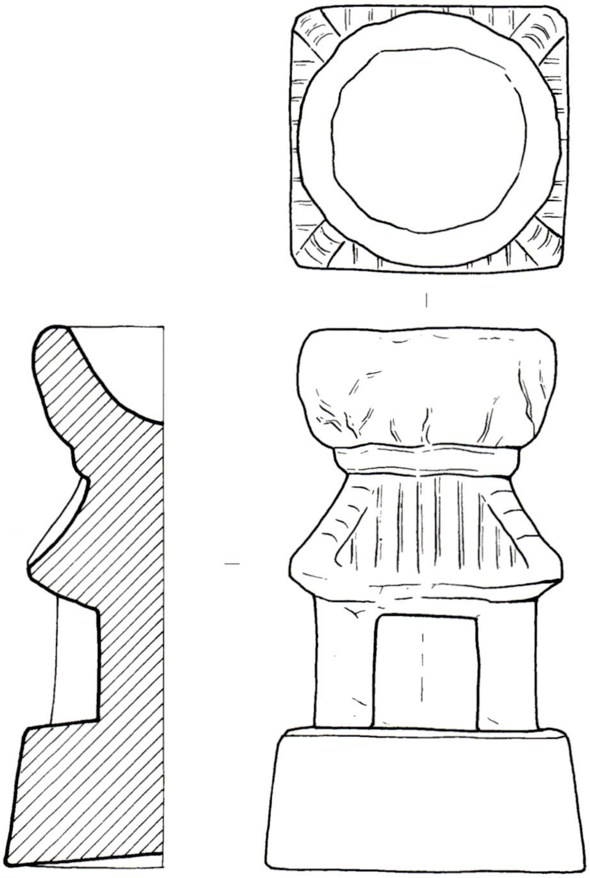

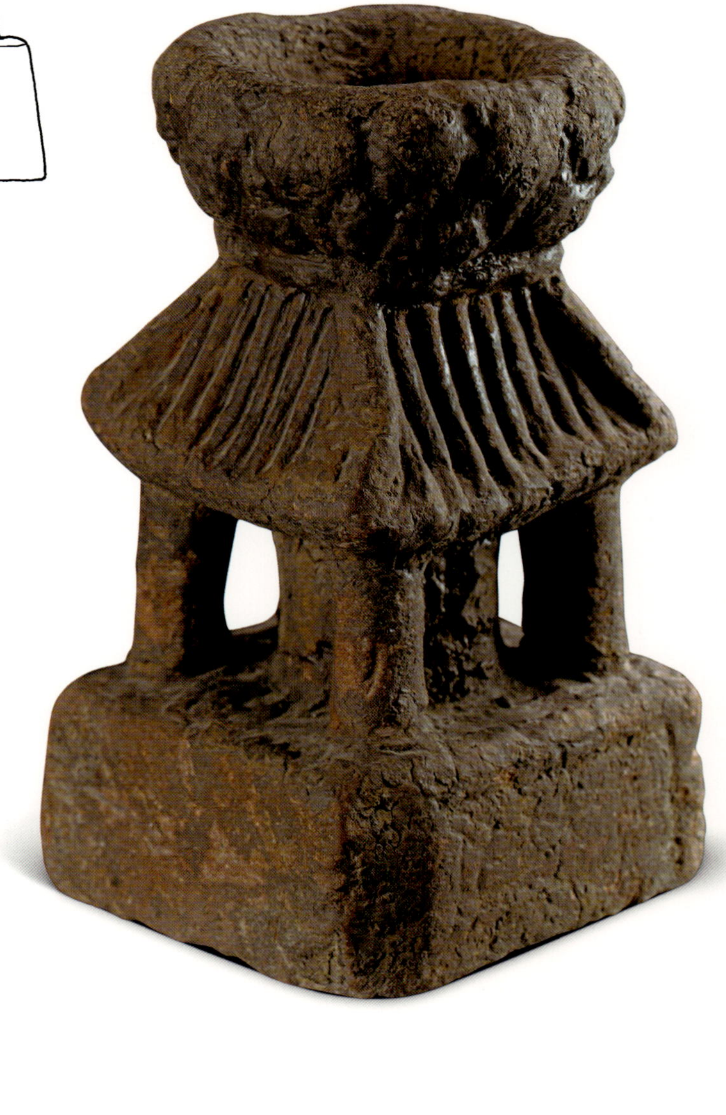

102

中心塔柱亭式石灯

北朝（386年—581年）

高23.5厘米，重4.5千克

Stone Lamp, Pavilion Shaped

Northern Dynasties (386-581AD)

Height 23.5cm, Weight 4.5kg

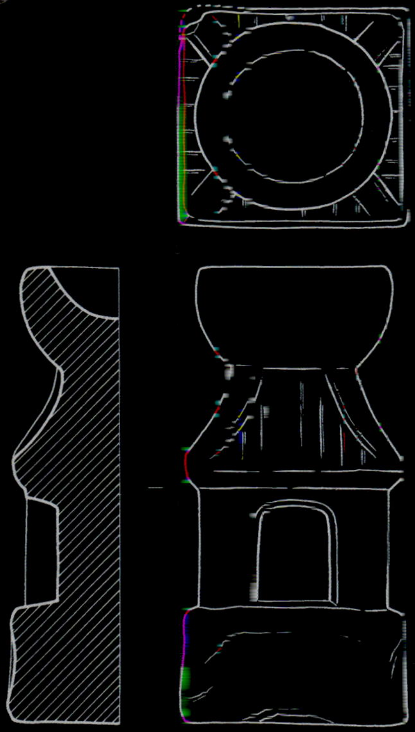

103

四门塔式石灯

北朝（386年—581年）
高27厘米，重6千克

Stone Lamp, Four-Door-Pagoda Shaped

Northern Dynasties (386-581AD)

Height 27cm, Weight 6kg

104

四门塔式石灯

北朝（386年—581年）
高25厘米，重11千克

Stone Lamp, Four-Door-Pagoda Shaped

Northern Dynasties (386-581AD)

Height 25cm, Weight 11kg

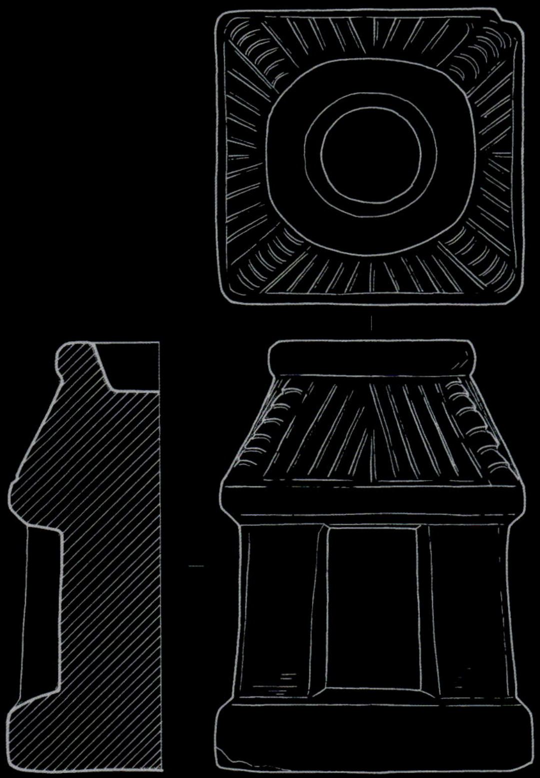

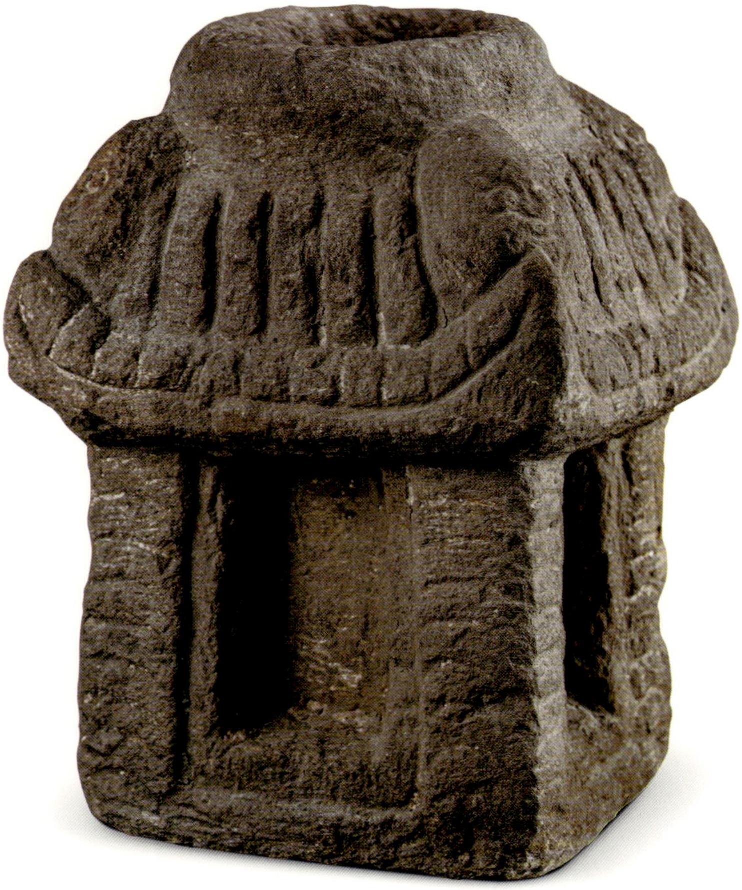

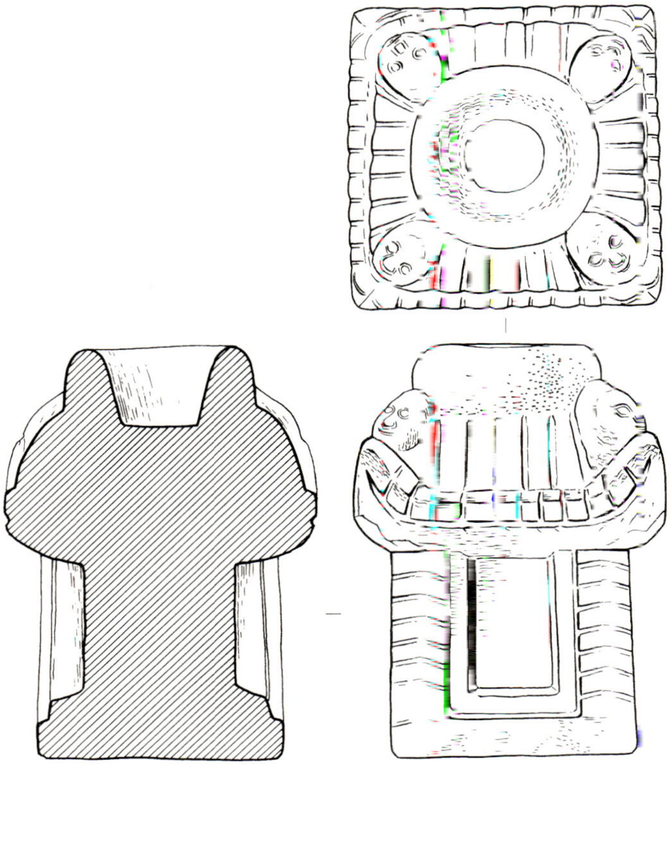

105

四门塔式石灯

北朝（386年—581年）

高26.7厘米，重11千克

Stone Lamp, Four-Door-Pagoda Shaped

Northern Dynasties (386-581AD)

Height 26.7cm, Weight 11kg

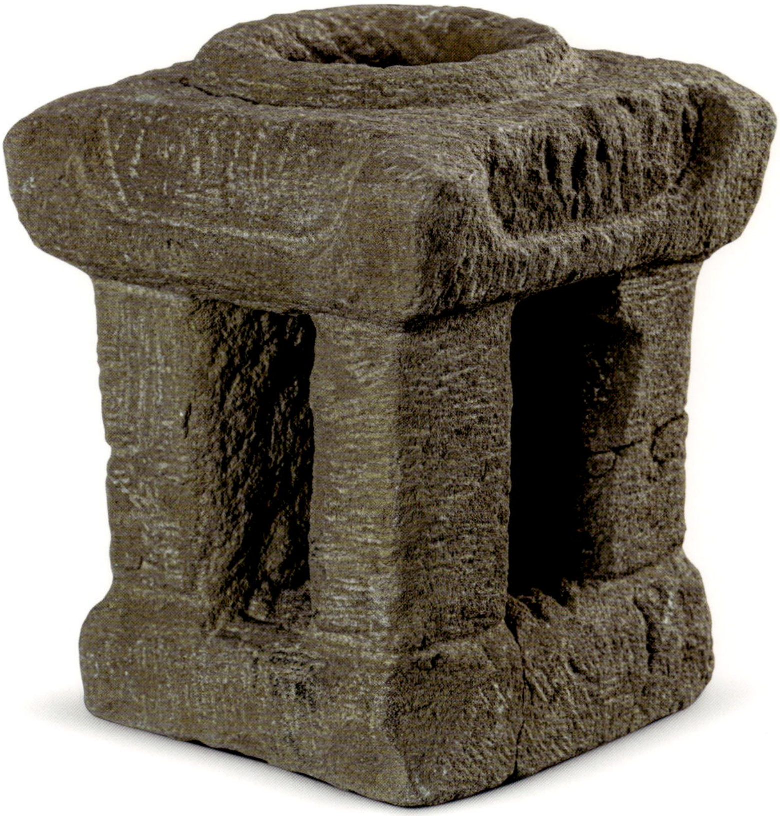

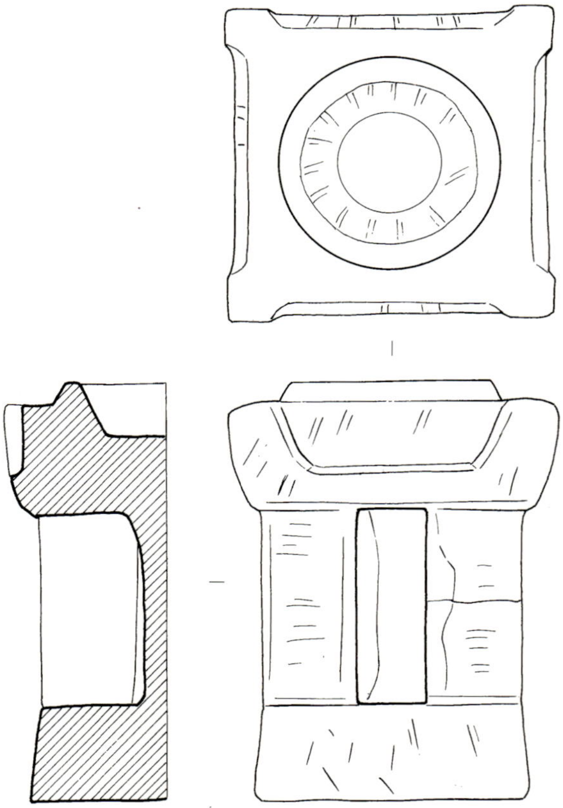

106

中心柱亭式石灯

北朝（386年—581年）
高21厘米，重7千克

Stone Lamp, Pavilion Shaped

Northern Dynasties (386-581AD)

Height 21cm, Weight 7kg

107

中心塔柱亭式石灯

北朝（386 年—581 年）

高 39 厘米，重 9 千克

Stone Lamp, Pavilion Shaped

Northern Dynasties (386-581AD)

Height 39cm, Weight 9kg

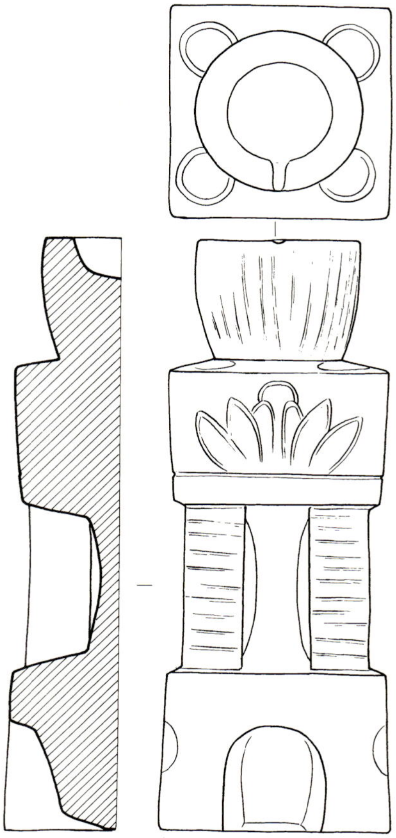

108

中心塔柱亭式石灯

北朝（386年—581年）

高37厘米，重9.1千克

Stone Lamp, Pavilion Shaped

Northern Dynasties (386-581AD)

Height 37cm, Weight 9.1kg

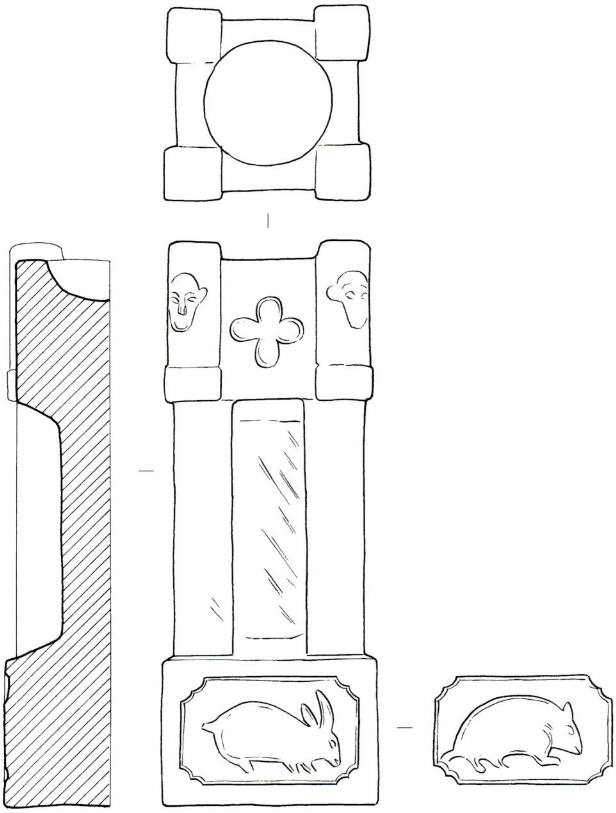

109

亭阁式石灯

北朝（386 年—581 年）

高 32.5 厘米，重 5 千克

Stone Lamp, Pavilion Shaped

Northern Dynasties (386-581AD)

Height 32.5cm, Weight 5kg

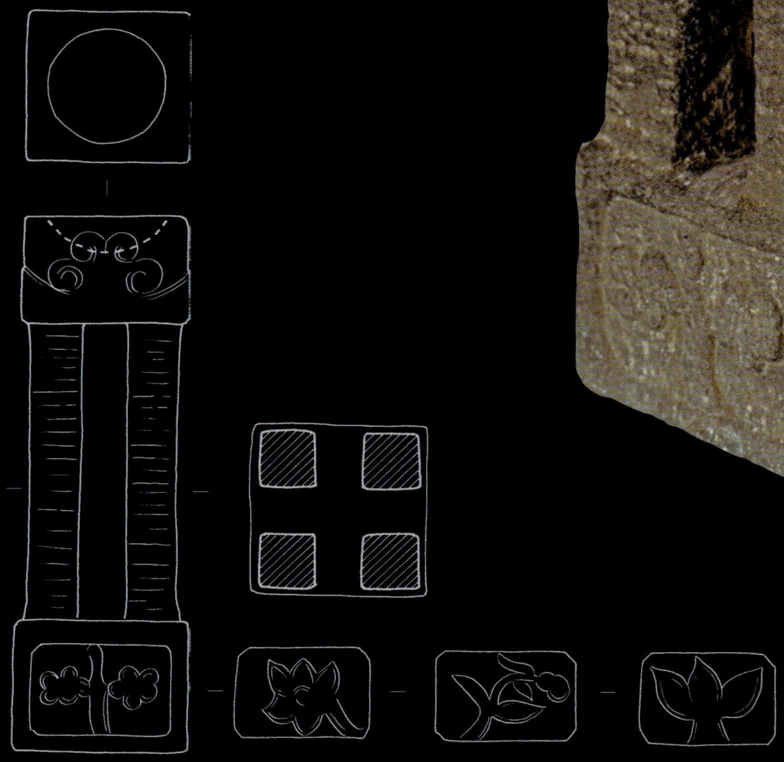

110

亭阁式石灯

北朝（386年—581年）

高32.5厘米，重14.5千克

Stone Lamp, Pavilion Shaped

Northern Dynasties (386-581AD)

Height 32.5cm, Weight 14.5kg

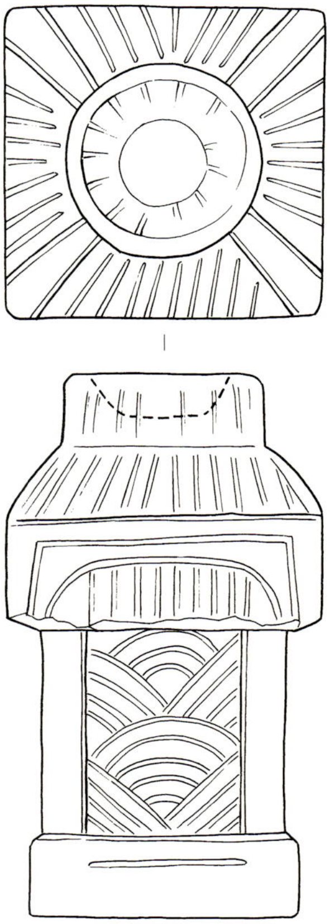

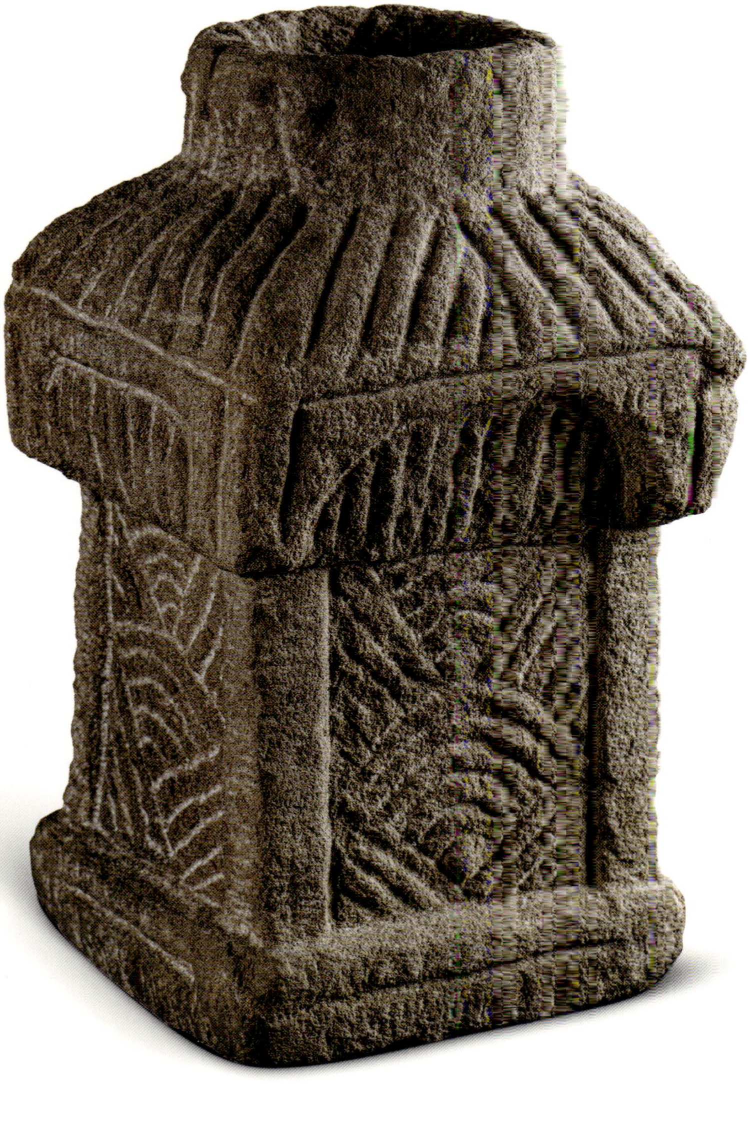

III

四门塔式石灯

北朝（386 年—581 年）

高 32.5 厘米，重 16 千克

Stone Lamp, Four-Door-Pagoda Shaped

Northern Dynasties (386-581AD)

Height 32.5cm, Weight 16kg

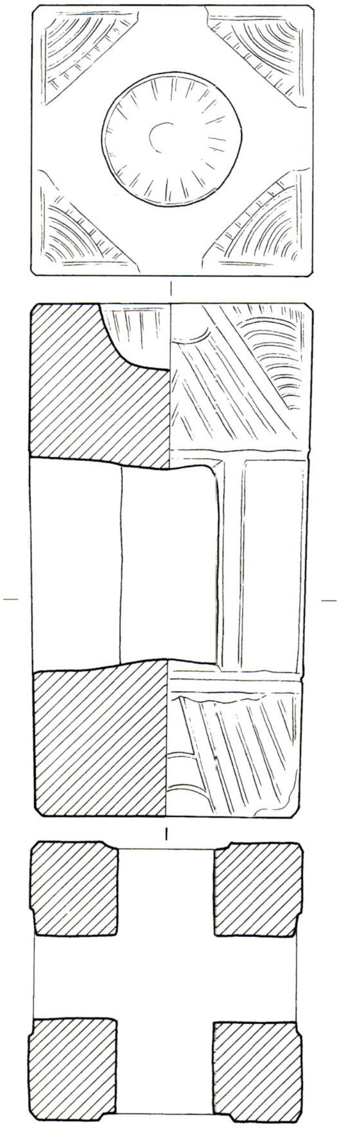

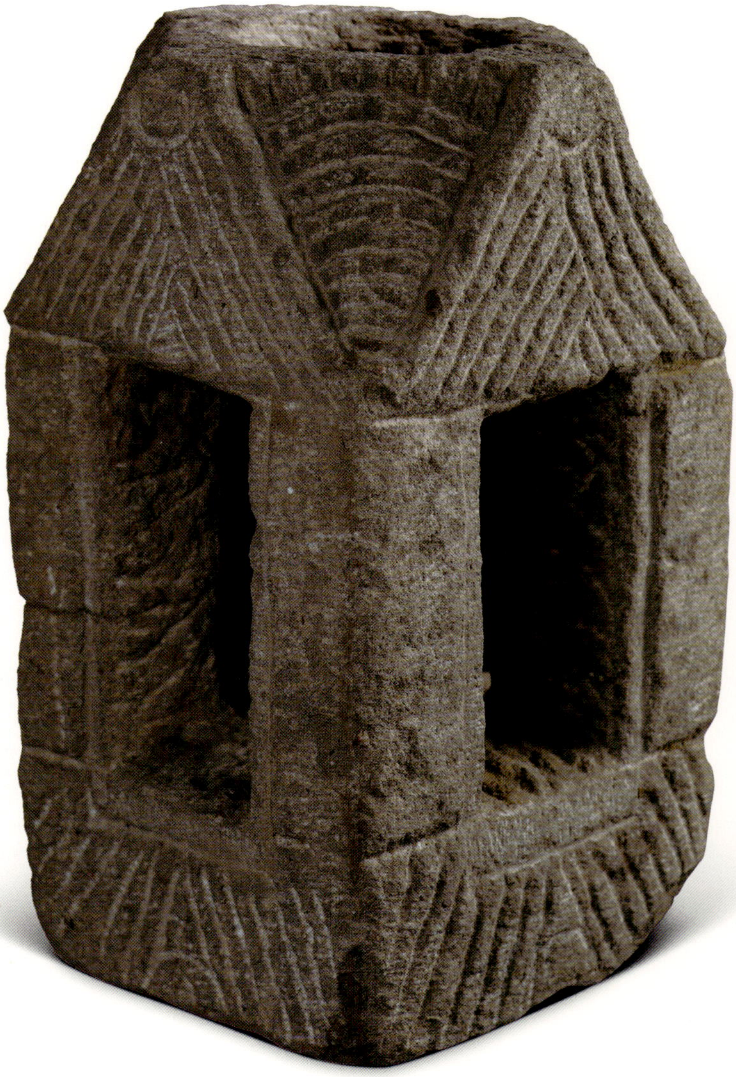

112

四门塔式石灯

北朝（386 年—581 年）

高 37.5 厘米，重 13 千克

Stone Lamp, Four-Door-Pagoda Shaped

Northern Dynasties (386-581AD)

Height 37.5cm, Weight 13kg

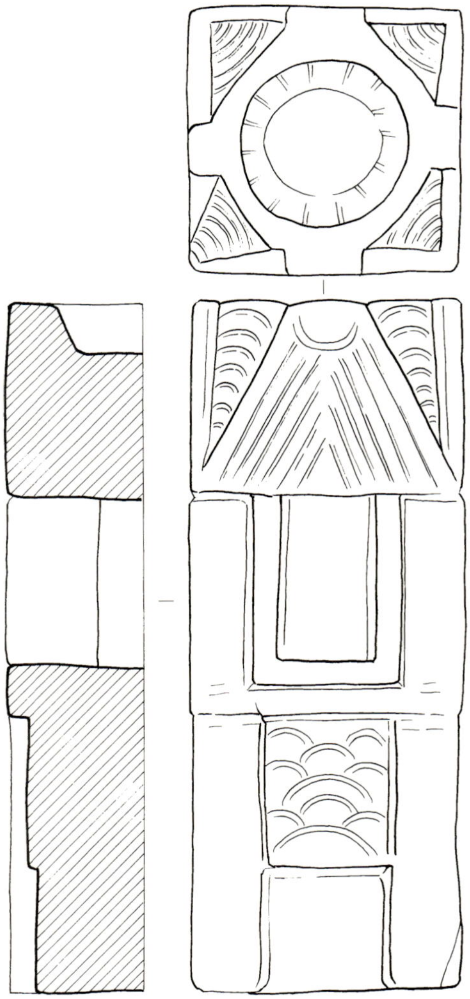

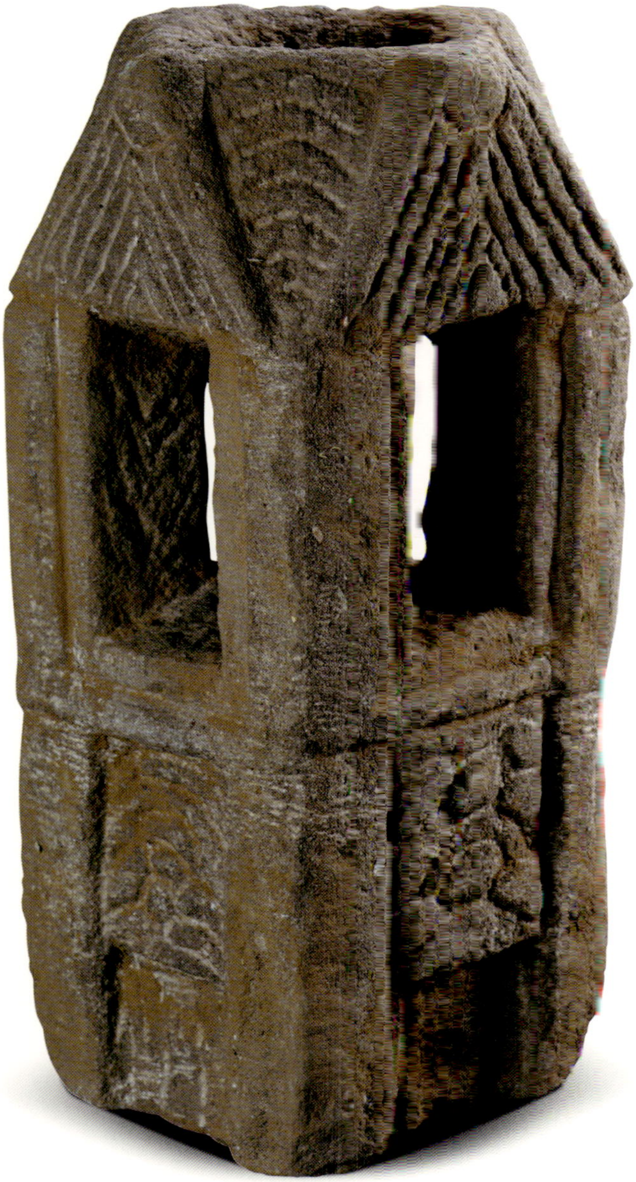

113

四门塔式石灯

北朝（386年—581年）

高35.5厘米，重10.5千克

Stone Lamp, Four-Door-Pagoda Shaped

Northern Dynasties (386-581AD)

Height 35.5cm, Weight 10.5kg

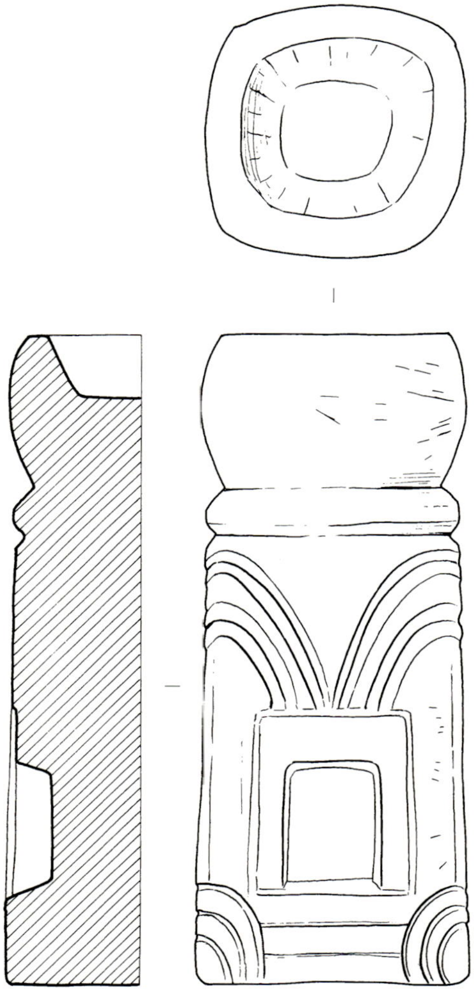

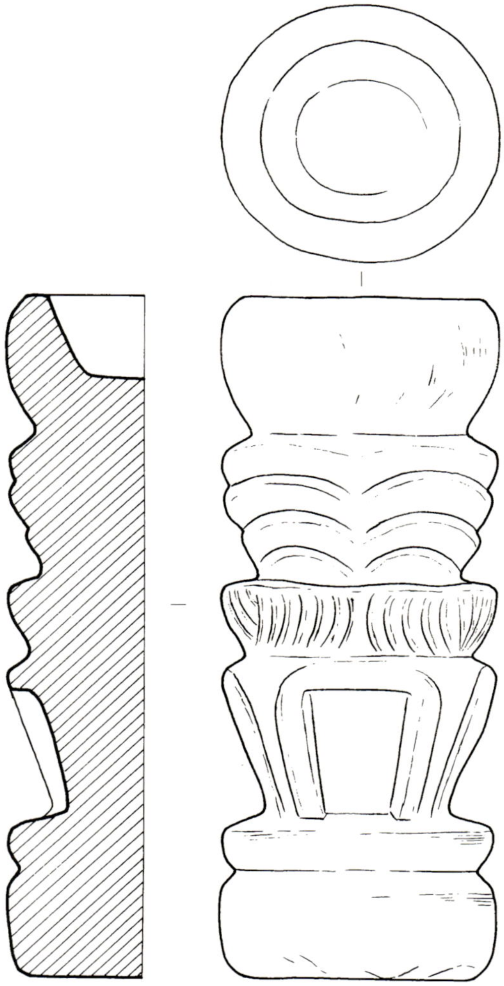

114

四门塔式石灯

北朝（386年—581年）
高33厘米，重6.5千克

Stone Lamp, Four-Door-Pagoda Shaped

Northern Dynasties (386-581AD)

Height 33cm, Weight 6.5kg

115

塔式石灯

北朝（386 年—581 年）

高 62 厘米，重 18 千克

Stone Lamp, Pagoda Shaped

Northern Dynasties (386-581AD)

Height 62cm, Weight 18kg

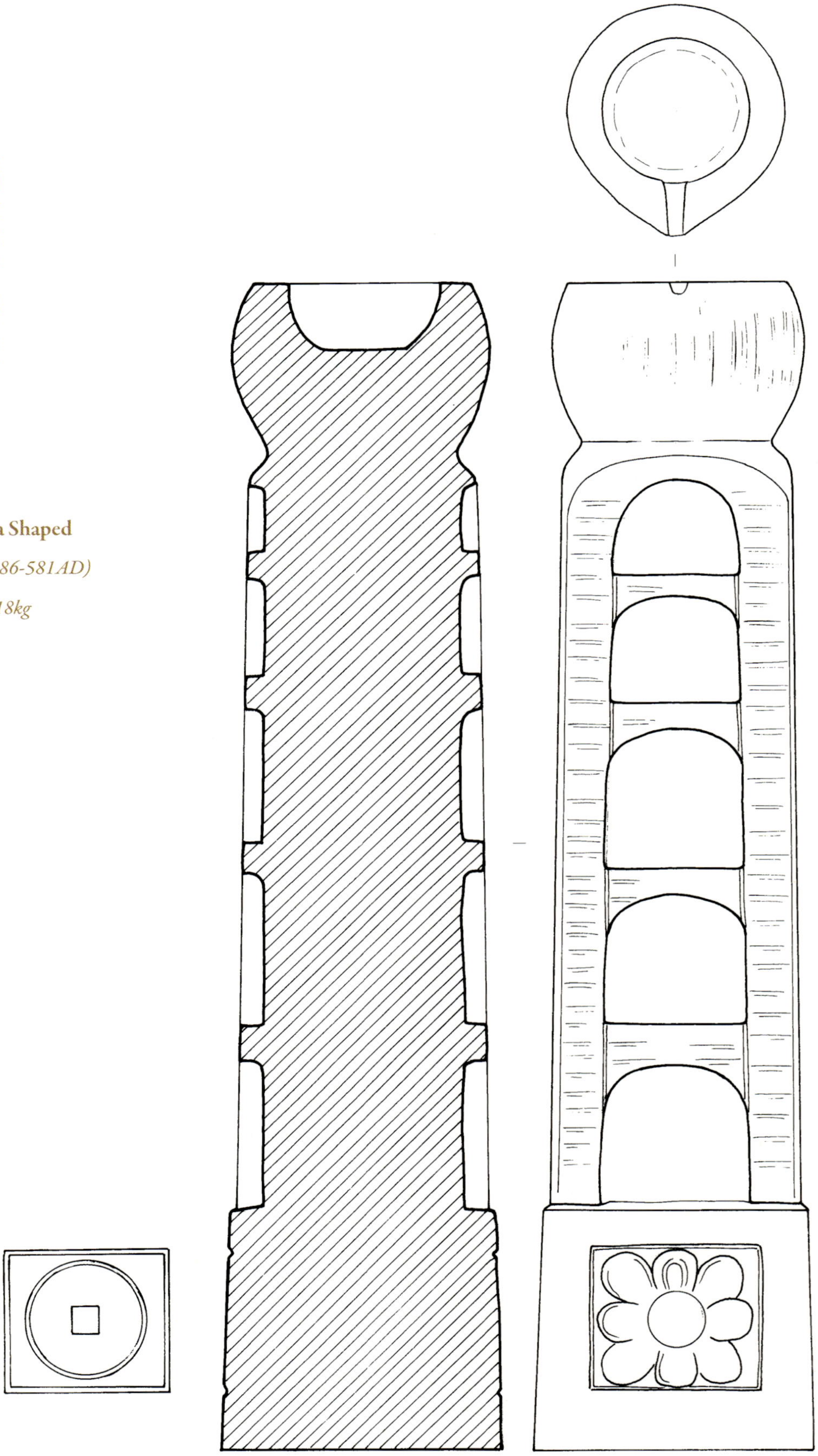

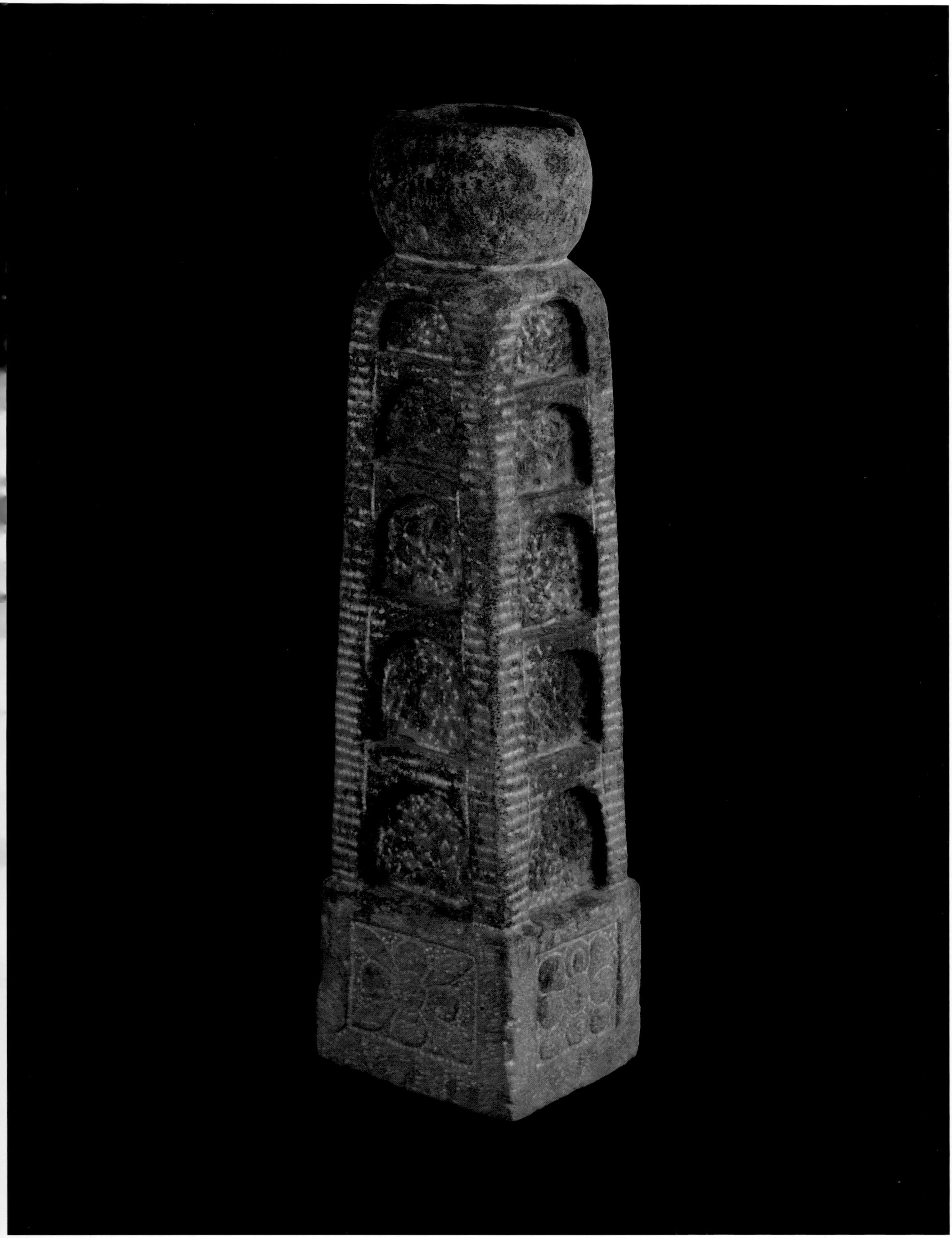

116

方柱形石灯

近代

高 27 厘米，重 16.2 千克

Stone Lamp

19 Century — Early 20 Century

Height 27cm, Weight 16.2kg

117

房屋形石灯

近代

高 26 厘米，重 6 千克

Stone Lamp, in the Shape of a House

19 Century — Early 20 Century

Height 26cm, Weight 6kg

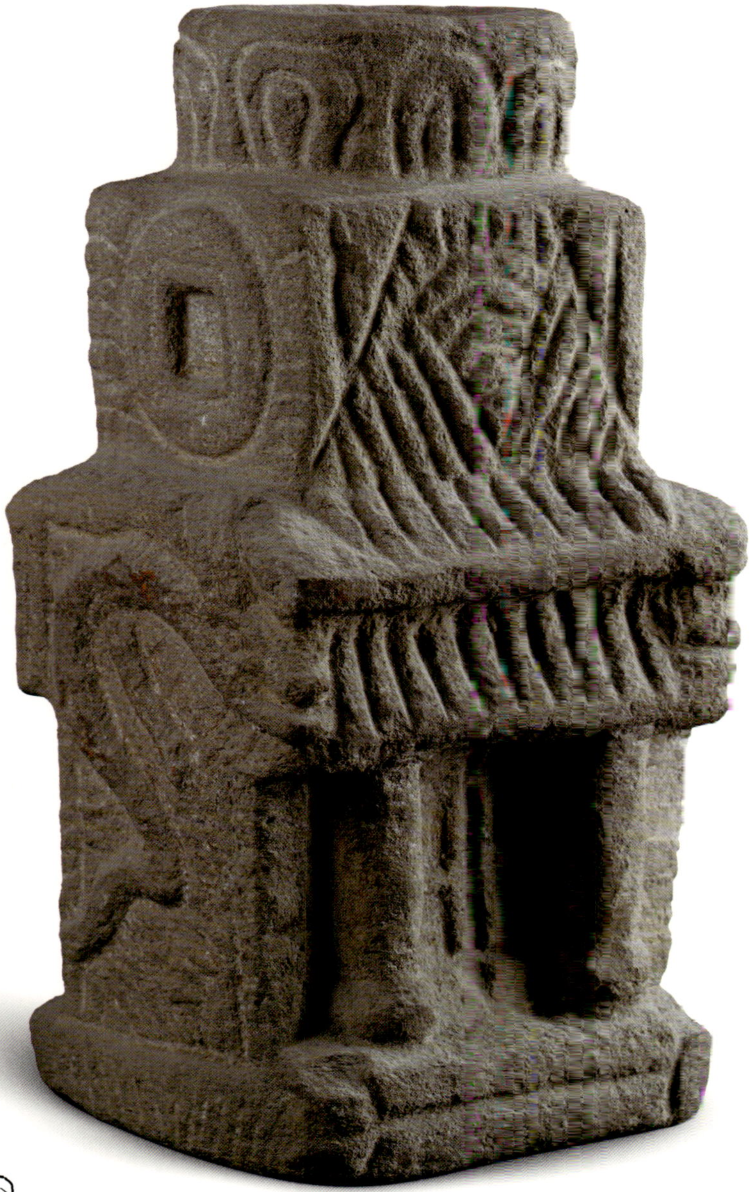

118

方柱形石灯

近代

高 35.5 厘米，重 6 千克

Stone Lamp

19 Century — Early 20 Century

Height 35.5cm, Weight 6kg

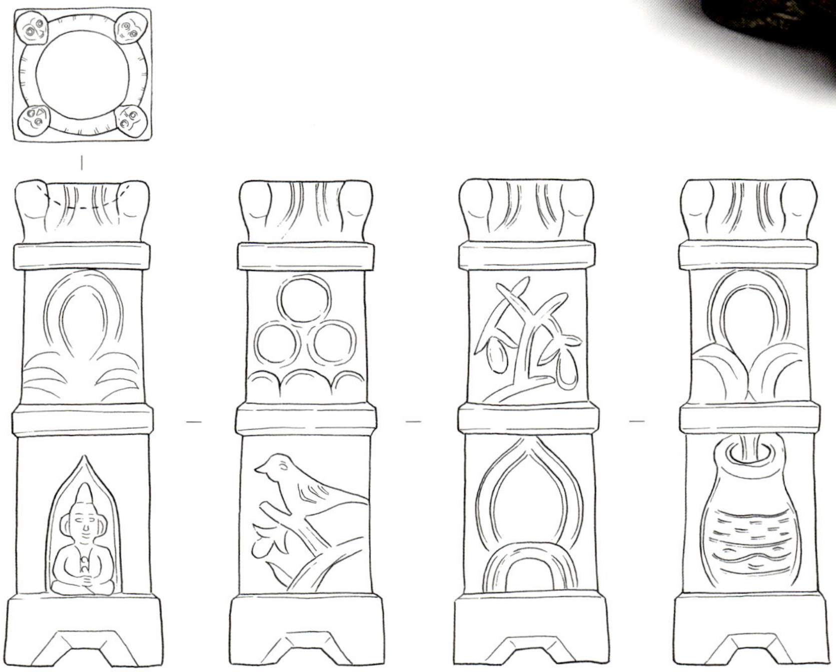

119

方柱形石灯

近代

高 36 厘米，重 15 千克

Stone Lamp

19 Century — Early 20 Century

Height 36cm, Weight 15kg

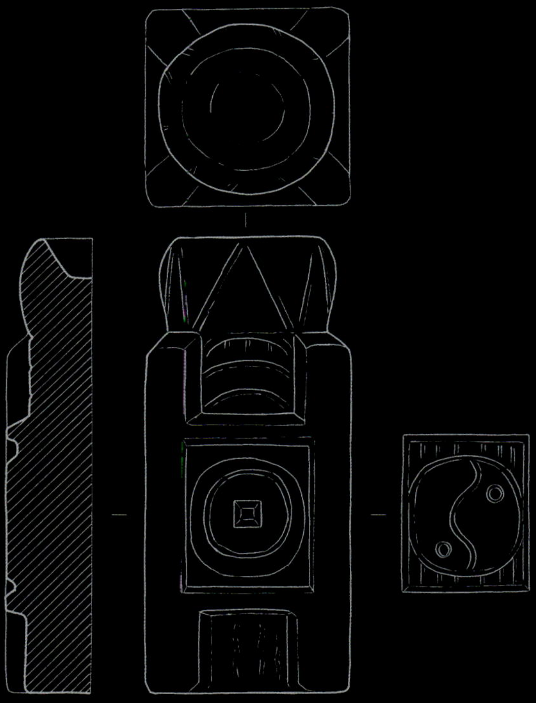

120

方柱形石灯

近代

高 30 厘米，重 9 千克

Stone Lamp

19 Century — Early 20 Century

Height 30cm, Weight 9kg

121

方柱形石灯

近代

高 32.5 厘米，重 13 千克

Stone Lamp

19 Century — Early 20 Century

Height 32.5cm, Weight 13kg

122

四龙抱柱石灯

近代

高 34.5 厘米，重 12.5 千克

Stone Lamp with Four Dragons

19 Century — Early 20 Century

Height 34.5cm, Weight 12.5kg

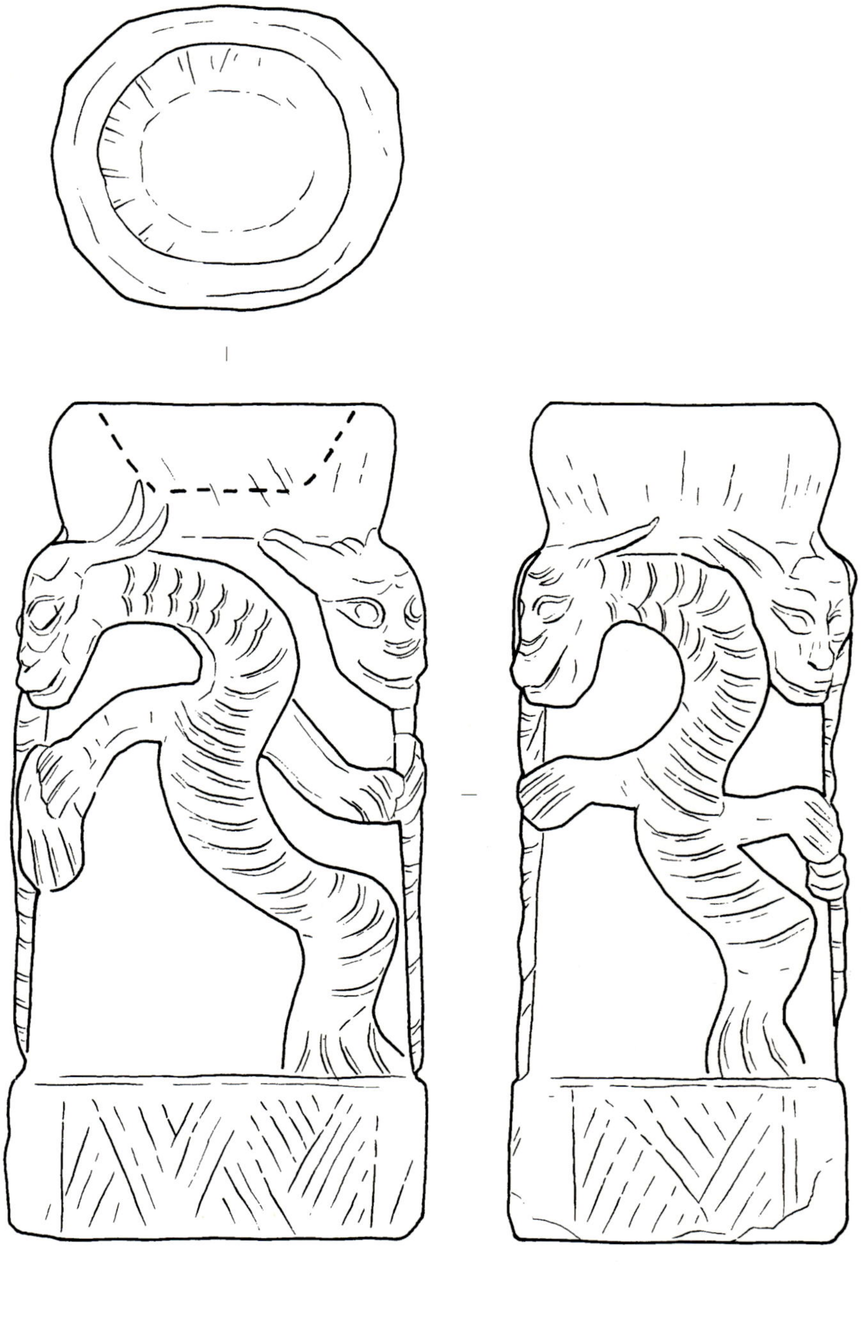

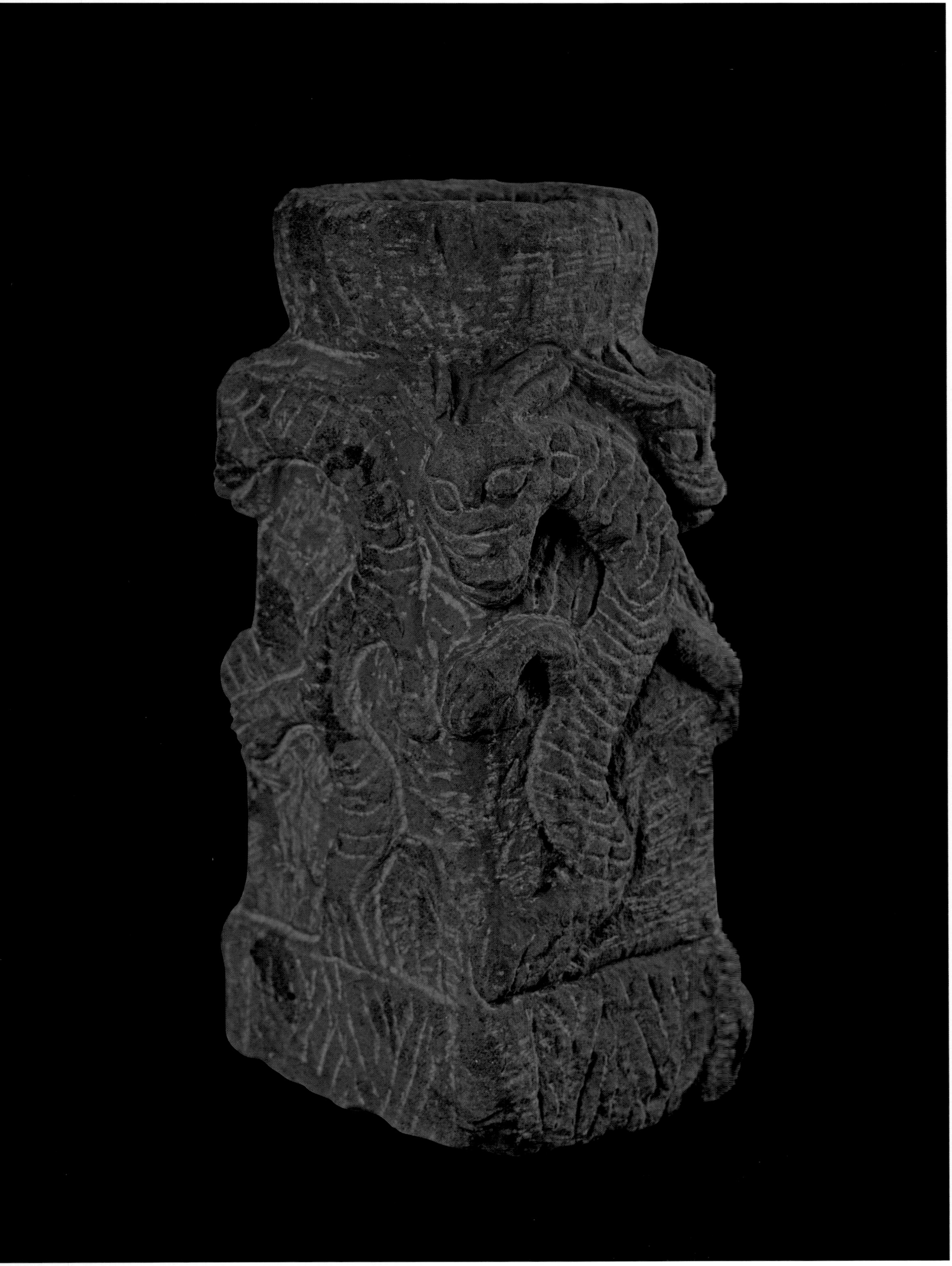

123

礼佛图石灯

北朝（386年—581年）

高44.5厘米，重9千克

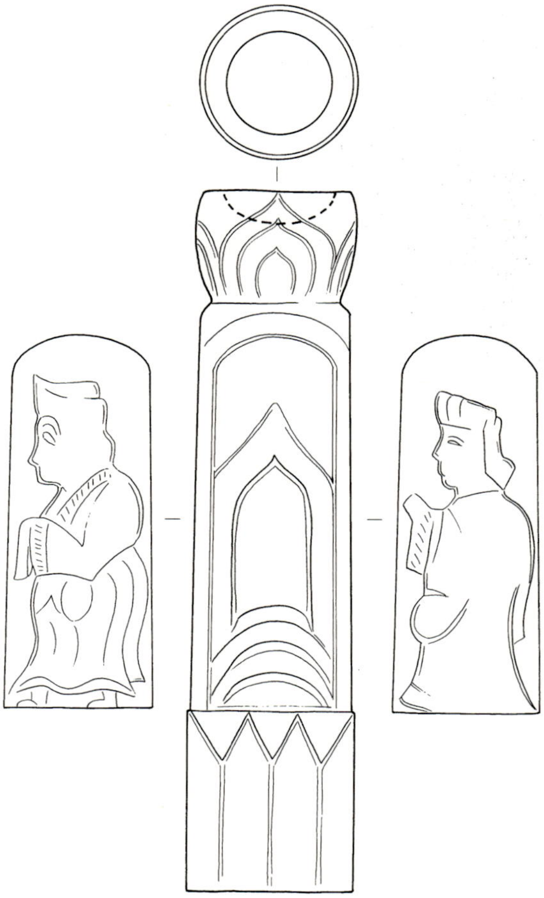

Stone Lamp with Bas-relief Sculptures of Buddha Worshippers

Northern Dynasties (386–581AD)

Height44.5 cm, Weight 9kg

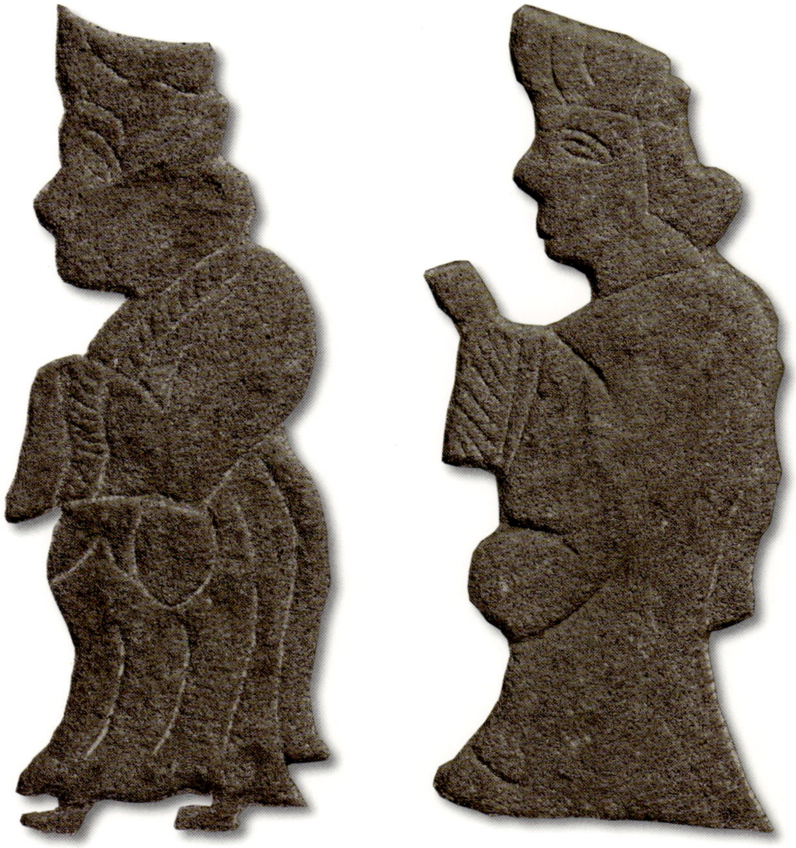

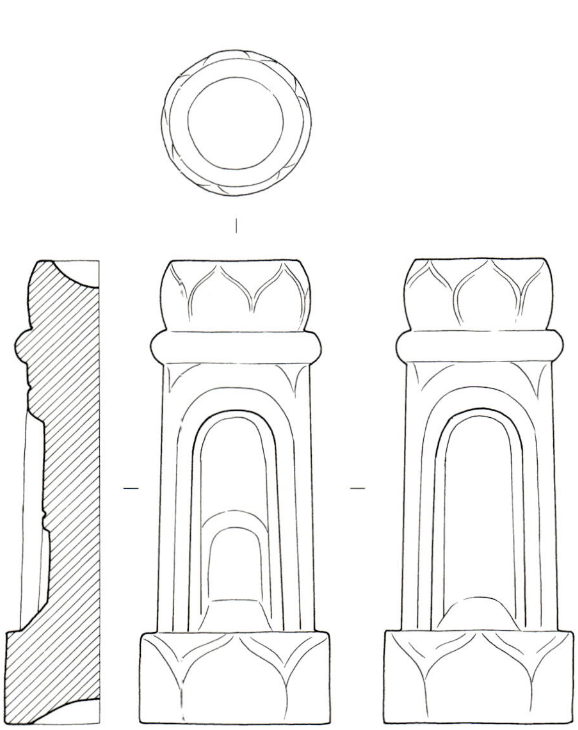

124

火焰纹石灯

北朝（386年—581年）
高36厘米，重8千克

Stone Lamp

Northern Dynasties (386-581AD)

Height 36cm, Weight 8kg

125

火焰纹石灯

北朝（386 年—581 年）
高 49 厘米，重 12.5 千克

Stone Lamp

Northern Dynasties (386-581AD)

Height 49cm, Weight 12.5kg

126

火焰纹石灯

北朝（386年—581年）
高44厘米，重10千克

Stone Lamp

Northern Dynasties(386-581AD)

Height 44cm, Weight 10kg

127

火焰纹石灯

北朝（386年—581年）

高37厘米，重7.5千克

Stone Lamp

Northern Dynasties (386-581AD)

Height 37cm, Weight 7.5kg

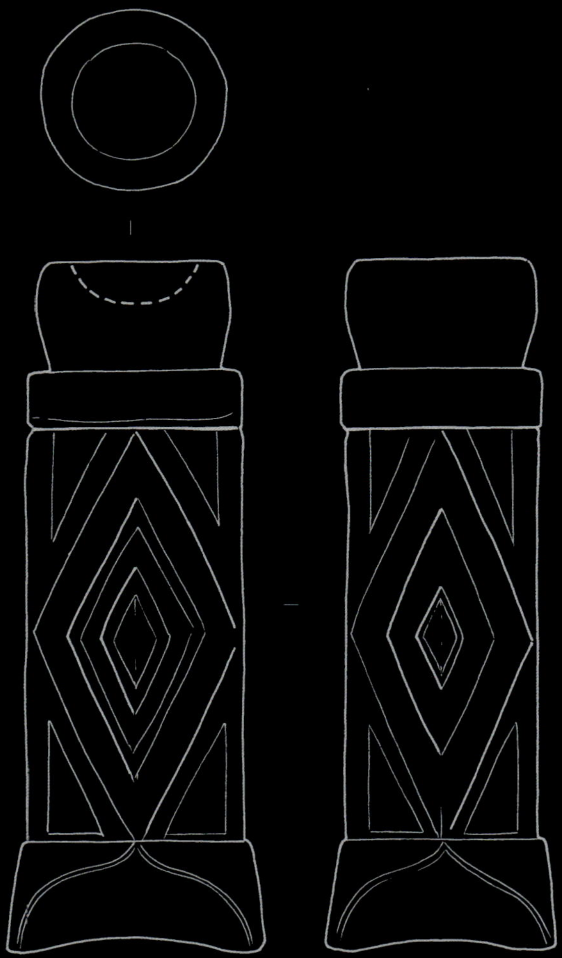

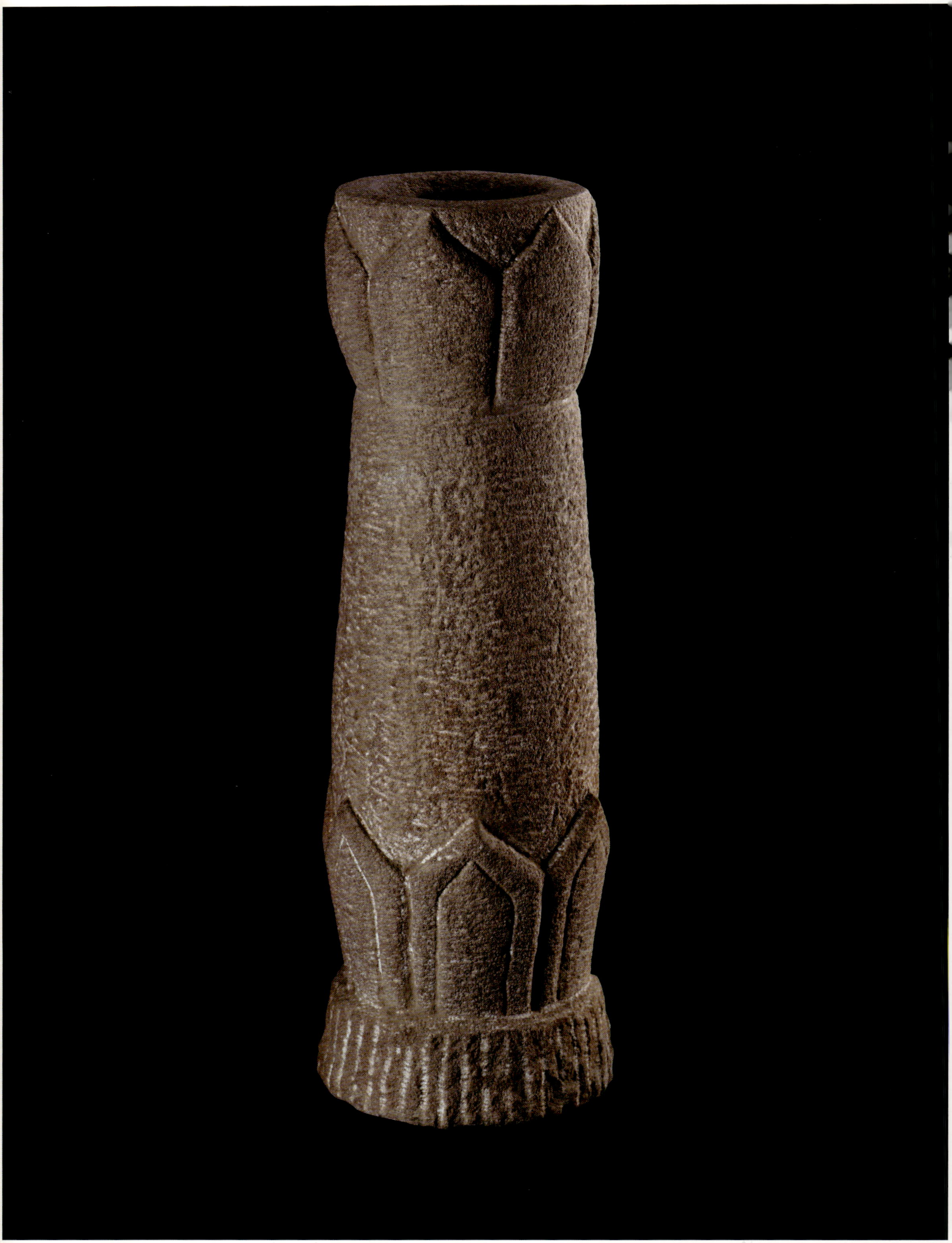

128

火焰纹石灯

北朝（386 年—581 年）

高 45 厘米，重 10.7 千克

Pillar Stone Lamp

Northern Dynasties (386-581AD)

Height 45cm, Weight 10.7kg

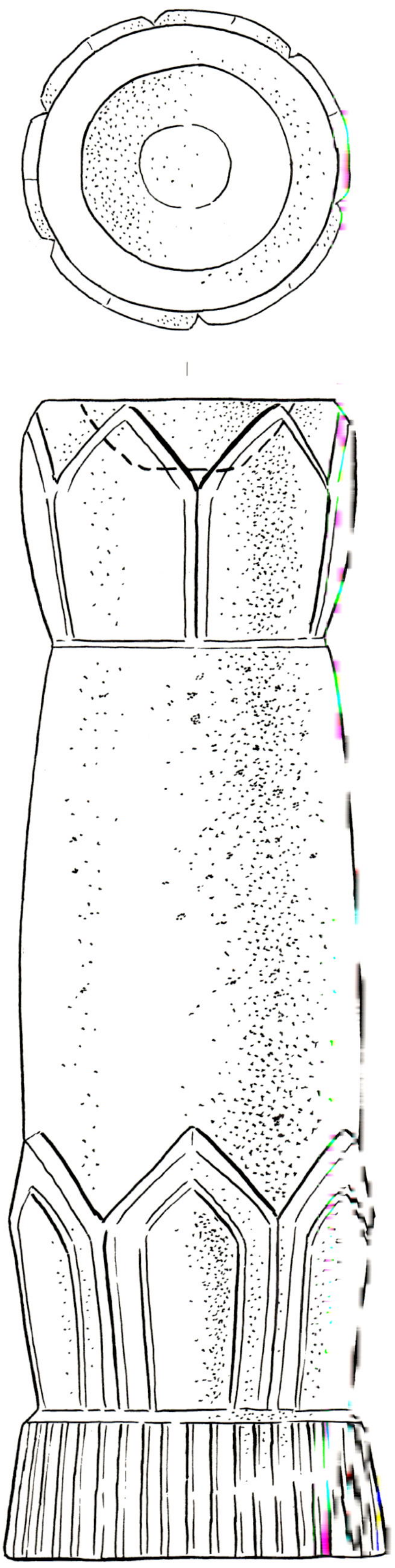

129

妇人形石灯

汉代（公元前 206 年—公元 220 年）

高 36 厘米，重 13 千克

Stone Lamp in the Shape of a Woman

Han Dynasty (206BC - 220AD)

Height 36cm, Weight13kg

130

人面兽形石灯

北朝（386 年—581 年）
高 28 厘米，重 10 千克

Stone Lamp in the Shape of a Human Face Animal

Northern Dynasties (386-581AD)

Height 28cm, Weight 10kg

131

胡人石灯

唐代（618年—907年）

高50.5厘米，重14千克

Stone Lamp in the Shape of a Foreigner

Tang Dynasty (618-907AD)

Height 50.5cm, Weight 14kg

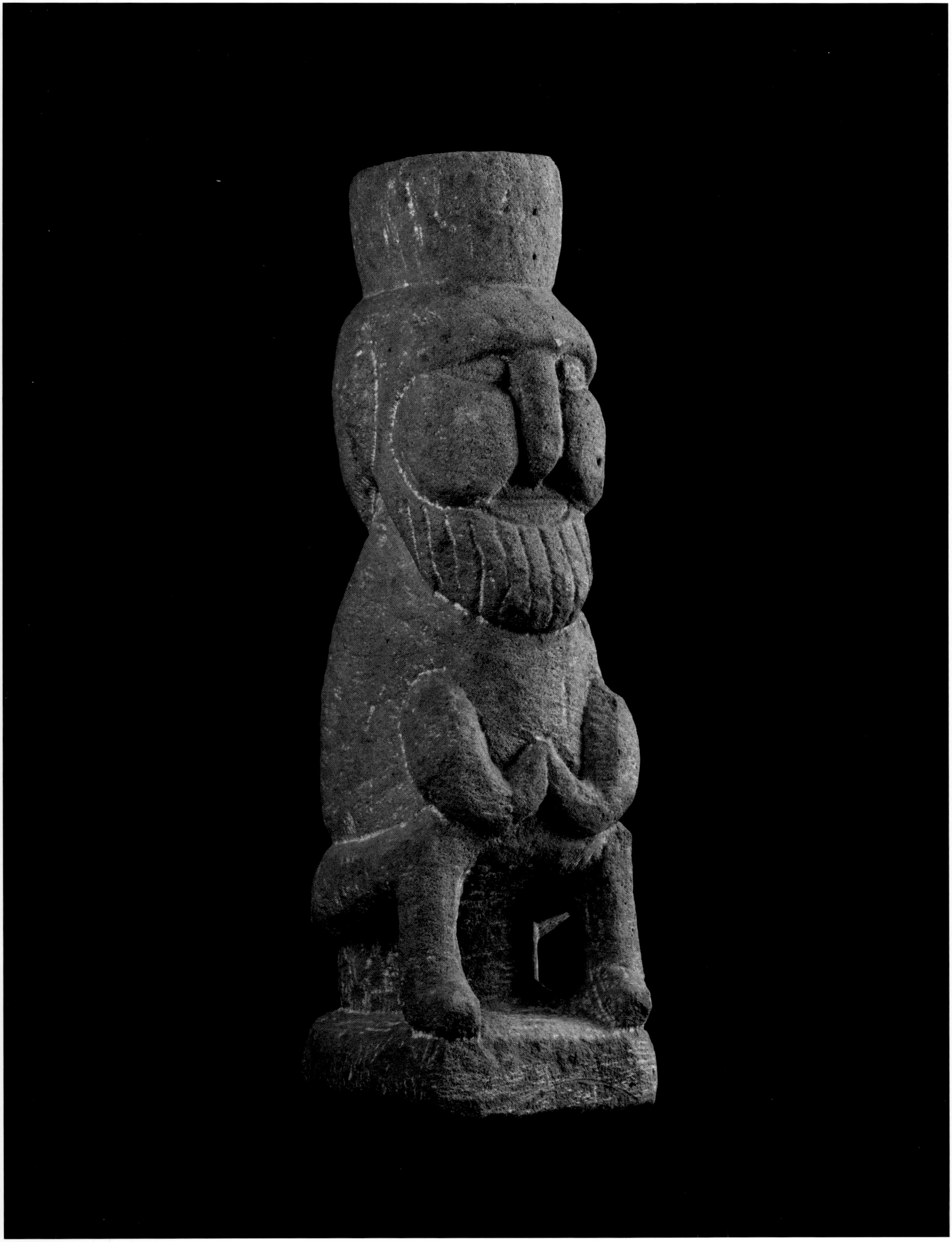

132

胡人石灯

唐代（618年—907年）

高44.5厘米，重11千克

Stone Lamp in the Shape of a Foreigner

Tang Dynasty (618-907 AD)

Height 44.5cm, Weight 11kg

133

胡人石灯

唐代（618 年—907 年）

高 42 厘米，重 10 千克

Stone Lamp in the Shape of a Foreigner

Tang Dynasty (618-907AD)

Height 42cm, Weight 10kg

134

胡人石灯

唐代（618年—907年）

高36厘米，重10.5千克

Stone Lamp in the Shape of a Foreigner

Tang Dynasty (618-907AD)

Height 36cm, Weight 10.5kg

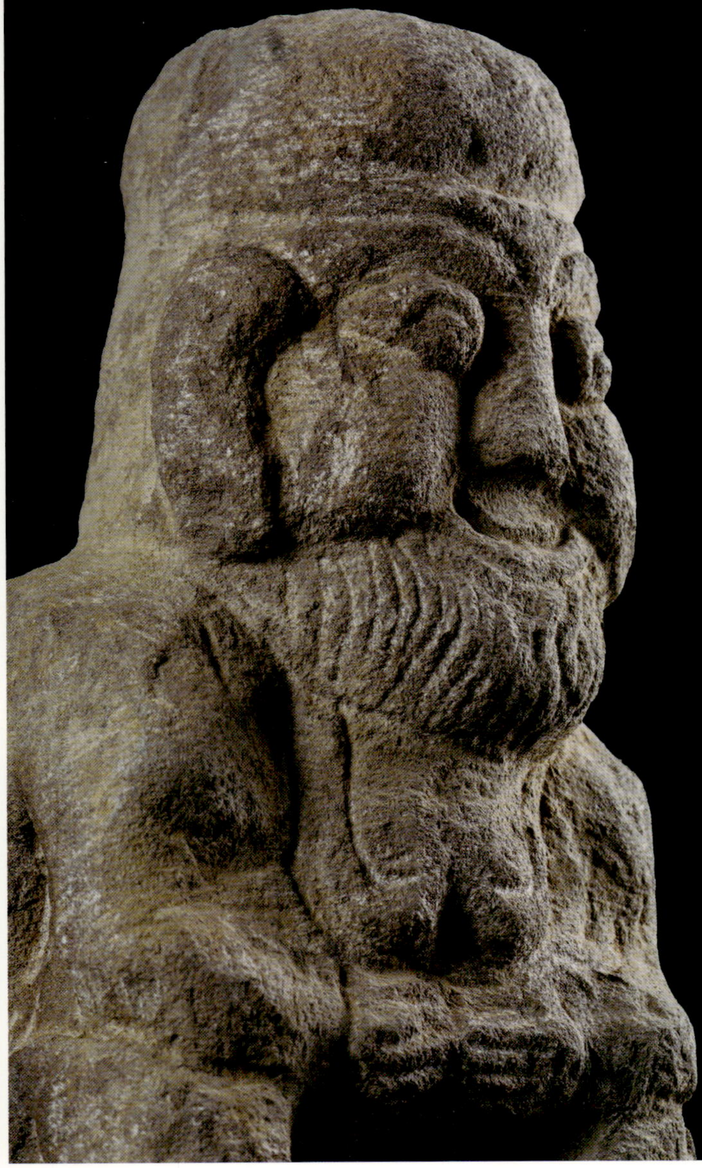

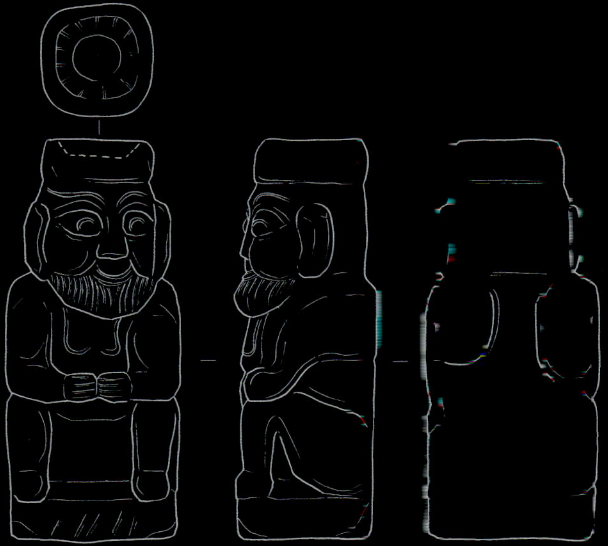

135

胡人石灯

唐代（618年—907年）

高33.7厘米，重9千克

Stone Lamp in the Shape of a Foreigner

Tang Dynasty (618-907AD)

Height 33.7cm, Weight 9kg

136

胡人石灯

唐代（618年—907年）

高42厘米，重8千克

Stone Lamp in the Shape of a Foreigner

Tang Dynasty (618-907AD)

Height 42cm, Weight 8kg

137

胡人石灯

唐代（618年—907年）

高41厘米，重10.3千克

Stone Lamp in the Shape of a Foreigner

Tang Dynasty (618-907AD)

Height 41cm, Weight 10.3kg

138

胡人石灯

唐代（618年—907年）

高39.5厘米，重7.1千克

Stone Lamp in the Shape of a Foreigner

Tang Dynasty (618-907AD)

Height 39.5cm, Weight 7.1kg

139

胡人抱子石灯

唐代（618年—907年）

高38厘米，重9千克

Stone Lamp in the Shape of a Foreigner Holding a Baby

Tang Dynasty (618-907AD)

Height 38cm, Weight 9kg

140

胡人抱子石灯

唐代（618年—907年）

高38.5厘米，重11.3千克

Stone Lamp in the Shape of a Foreigner Holding a Baby

Tang Dynasty (618-907AD)

Height 38.5cm, Weight 11.3 kg

141

胡人抱子石灯

唐代（618年—907年）

高48厘米，重15千克

Stone Lamp in the Shape of a Foreigner Holding a Baby

Tang Dynasty (618-907AD)

Height 48cm, Weight 15kg

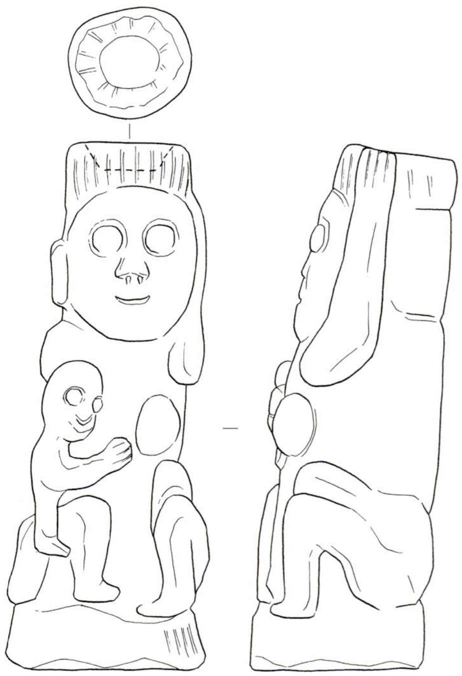

142

胡人背子石灯

唐代（618年—907年）
高43厘米，重15千克

Stone Lamp in the Shape of a Foreigner Carrying a Baby

Tang Dynasty (618-907AD)

Height 43cm, Weight 15kg

143

胡人石灯

唐代（618年—907年）
高52厘米，重19.8千克

Stone Lamp in the Shape of a Foreigner

Tang Dynasty (618-907AD)

Height 52cm, Weight 19.8kg

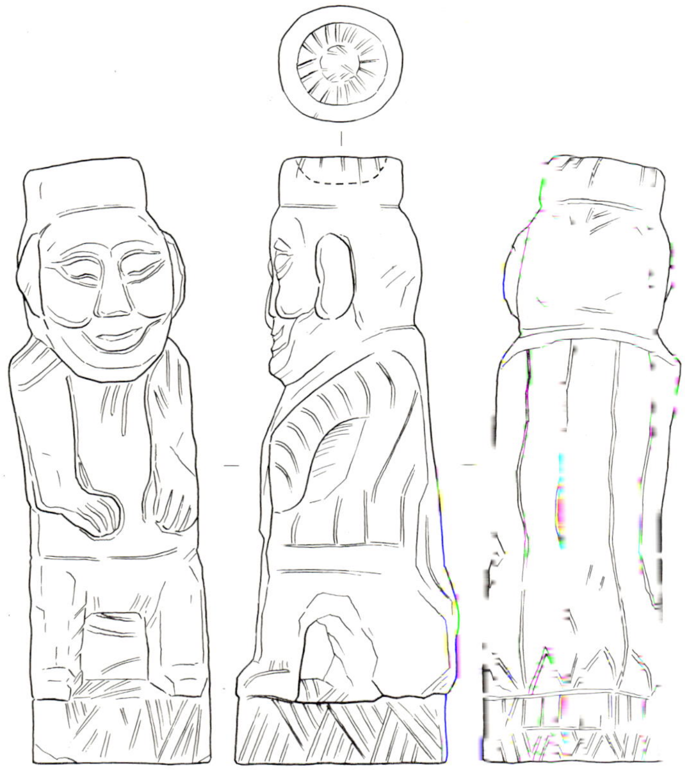

144

胡人石灯

唐代（618年—907年）

高49.5厘米，重19千克

Stone Lamp in the Shape of a Foreigner

Tang Dynasty (618-907AD)

Height 49.5cm, Weight 19kg

145

胡人石灯

唐代（618年—907年）

高45厘米，重15千克

Stone Lamp in the Shape of a Foreigner

Tang Dynasty (618-907AD)

Height 45cm, Weight 15kg

146

胡人石灯

唐代（618年—907年）

高50厘米，重20.5千克

Stone Lamp in the Shape of a Foreigner

Tang Dynasty (618-907 AD)

Height 50cm, Weight 20.5kg

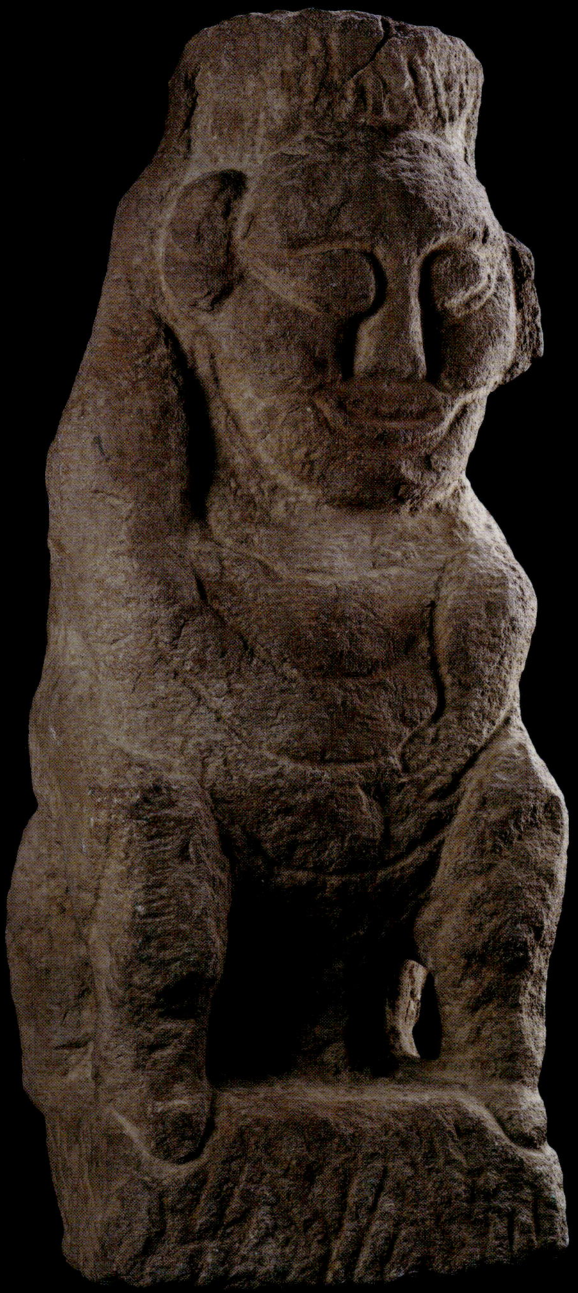

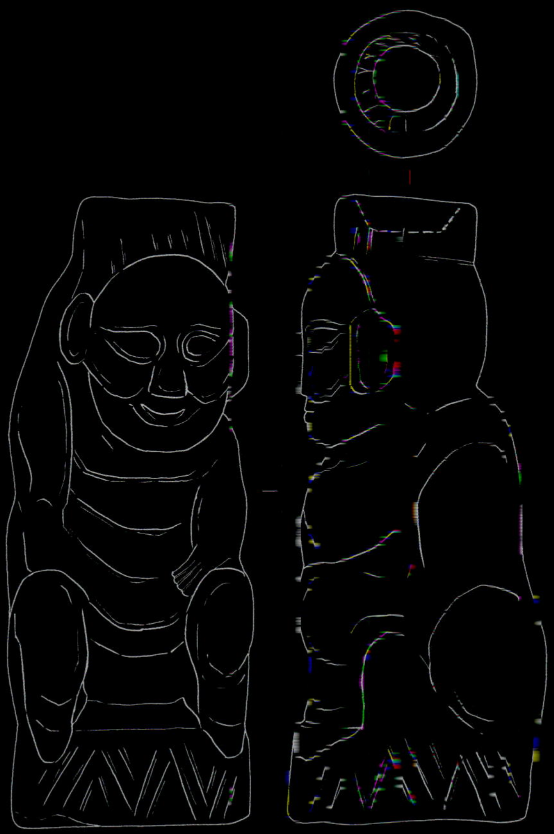

147

胡人石灯

唐代（618 年—907 年）

高 40 厘米，重 16.8 千克

Stone Lamp in the Shape of a Foreigner

Tang Dynasty (618-907AD)

Height 40cm, Weight 16.8kg

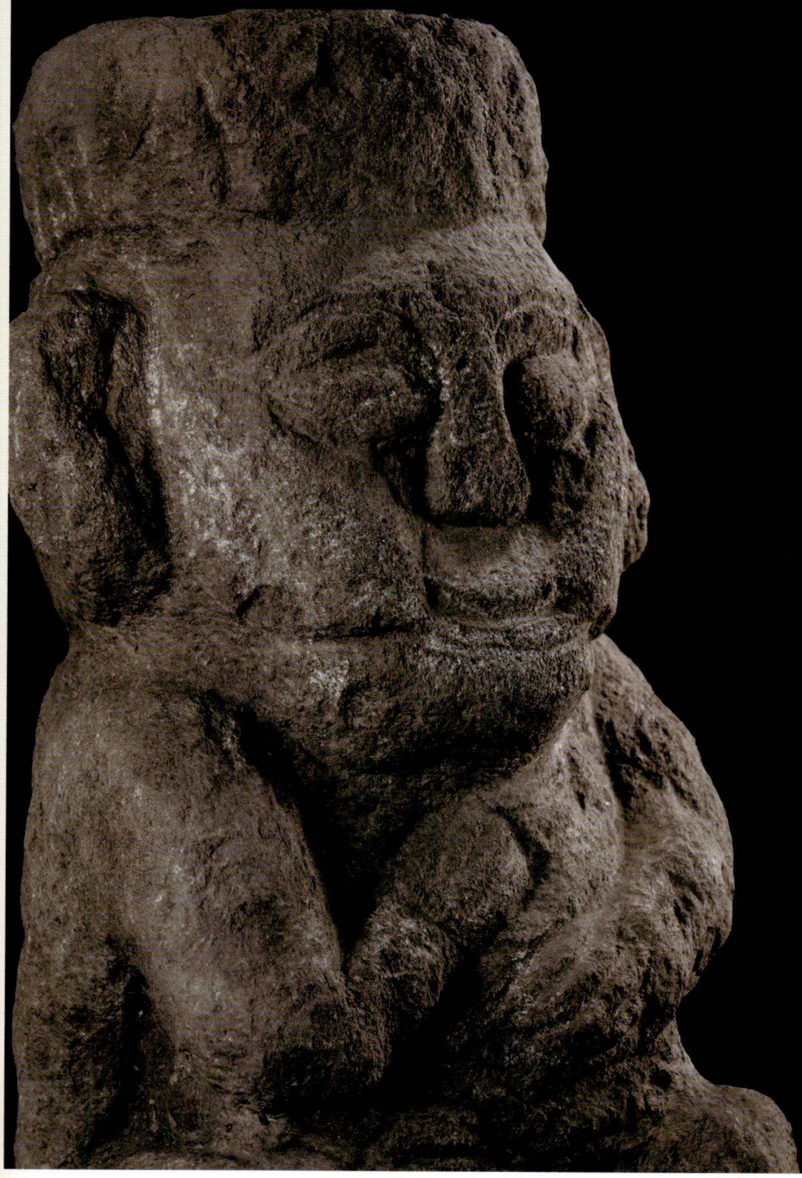

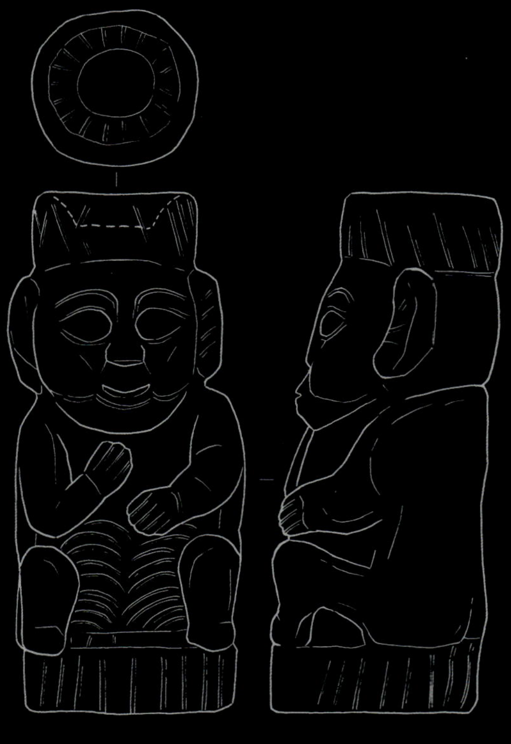

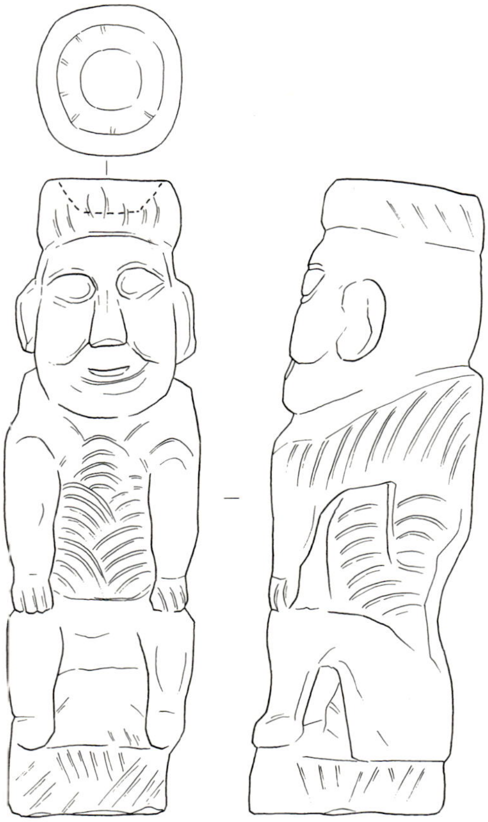

148

胡人石灯

唐代（618年—907年）

高55.5厘米，重23千克

Stone Lamp in the Shape of a Foreigner

Tang Dynasty (618-907AD)

Height 55.5cm, Weight 23kg

149

胡人石灯

唐代（618年—907年）

高40.7厘米，重18.5千克

Stone Lamp in the Shape of a Foreigner

Tang Dynasty (618-907AD)

Height 40.7cm, Weight 18.5kg

150

胡人石灯

唐代（618年—907年）
高39厘米，重19千克

Stone Lamp in the Shape of a Foreigner

Tang Dynasty (618-907AD)

Height 39cm, Weight 19kg

151

胡人石灯

唐代（618年—907年）

高43.5厘米，重16.2千克

Stone Lamp in the Shape of a Foreigner

Tang Dynasty (618-907AD)

Height 43.5cm, Weight 16.2kg

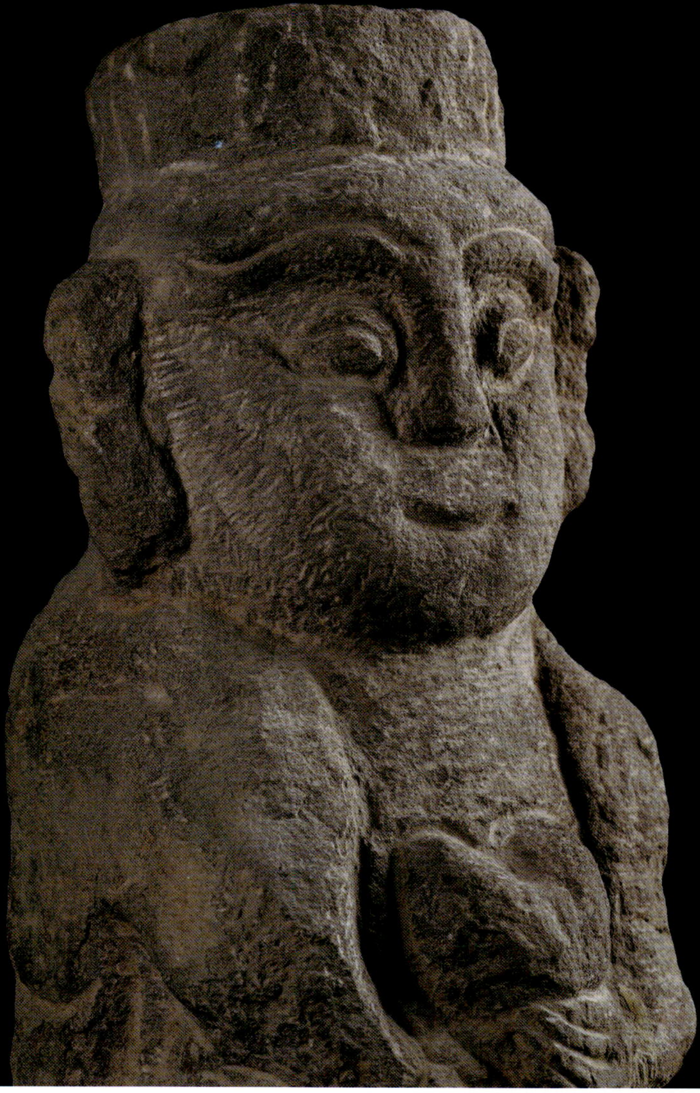

152

骑兽胡人石灯

唐代（618年—907年）

高44厘米，重13.5千克

Stone Lamp in the Shape of a Foreigner Sitting on an Animal

Tang Dynasty (618-907AD)

Height 44cm, Weight 13.5kg

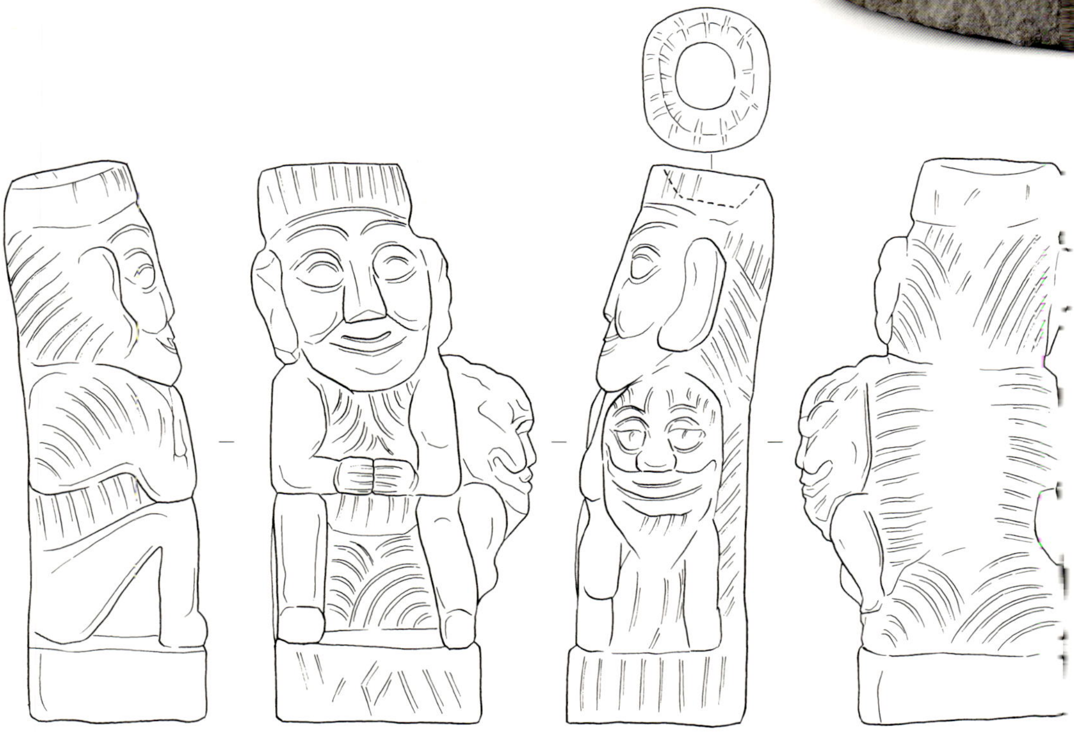

153

骑兽胡人石灯

唐代（618年—907年）

高41厘米，重11.6千克

Stone Lamp in the Shape of a Foreigner Sitting on an Animal

Tang Dynasty (618-907AD)

Height 41cm, Weight 11.6kg

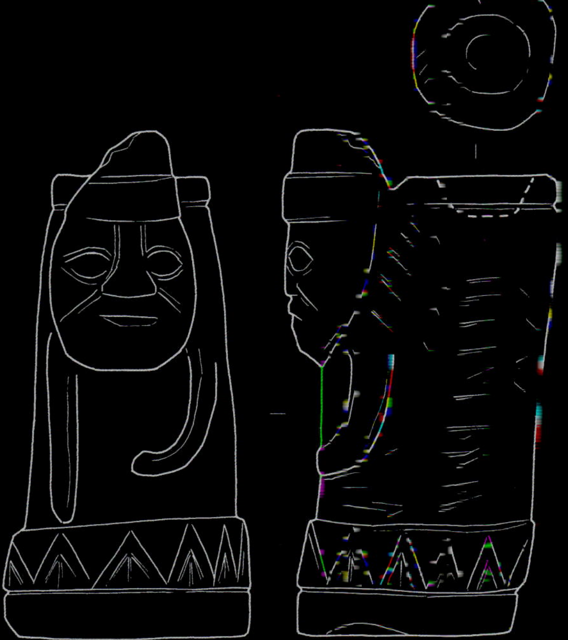

154

人形石灯

唐代（618年—907年）

高34厘米，重9千克

Stone Lamp in the Shape of a Man

Tang Dynasty (618-907AD)

Height 34cm, Weight 9kg

155

人形石灯

唐代（618年—907年）

高61厘米，重35千克

Stone Lamp in the Shape of a Man

Tang Dynasty (618-907AD)

Height 61cm, Weight35kg

156

人形石灯

唐代（618年—907年）

高48.5厘米，重29千克

Stone Lamp in the Shape of a Man

Tang Dynasty (618-907AD)

Height 48.5cm, Weight 29kg

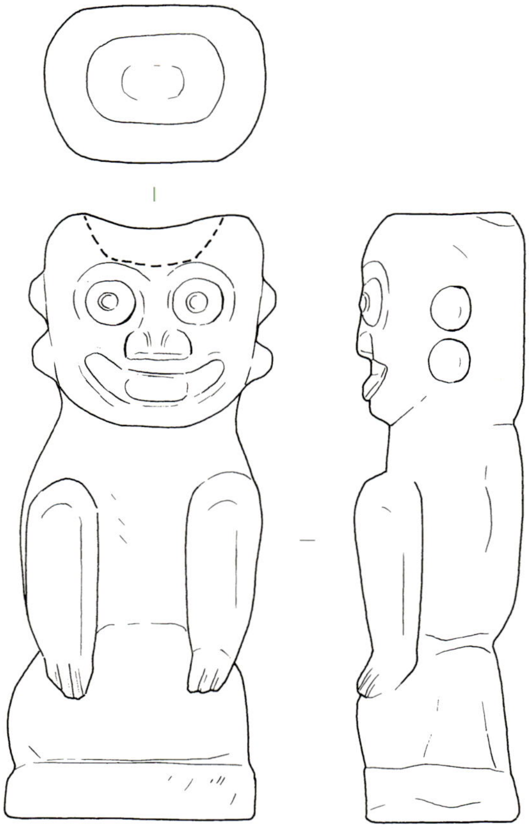

157

人面兽身石灯

唐代（618年—907年）
高37厘米，重8千克

Stone Lamp in the Shape of a Human Face Animal

Tang Dynasty (618-907AD)

Height 37cm, Weight 8kg

158

人面兽身石灯

近代

高 35 厘米，重 7 千克

Stone Lamp in the Shape of a Human Face Animal

19 Century — Early 20 Century

Height 35cm, Weight 7kg

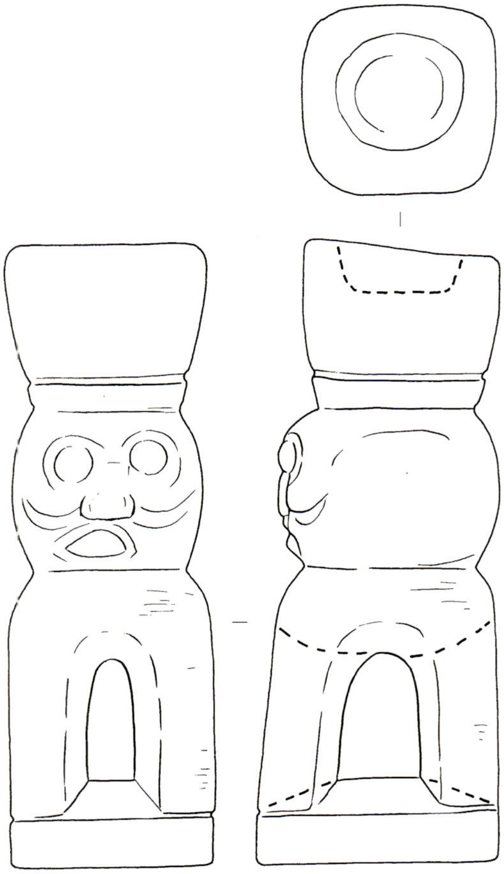

159

人面兽身石灯

近代

高 35.5 厘米，重 7.5 千克

Stone Lamp in the Shape of a Human Face Animal

19 Century — Early 20 Century

Height 35.5cm, Weight 7.5kg

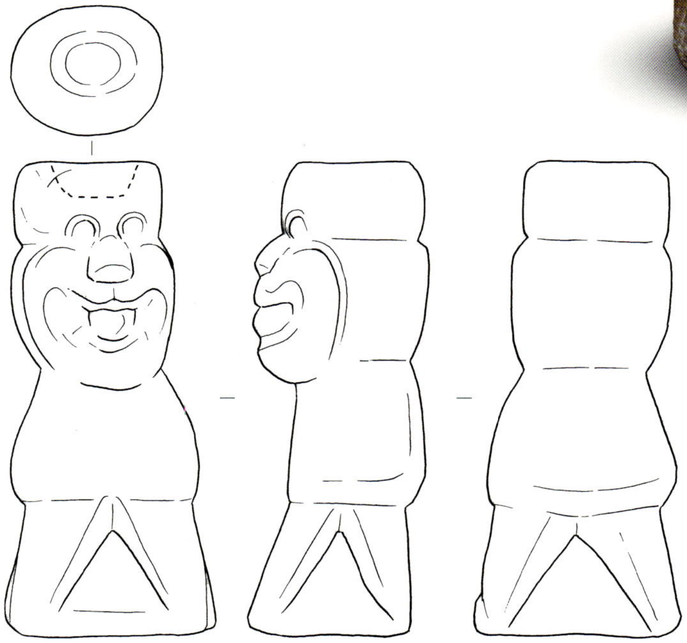

160

人面兽身石灯

近代

高 38.5 厘米，重 8 千克

Stone Lamp in the Shape of a Human Face Animal

19 Century — Early 20 Century

Height 38.5cm, Weight 8kg

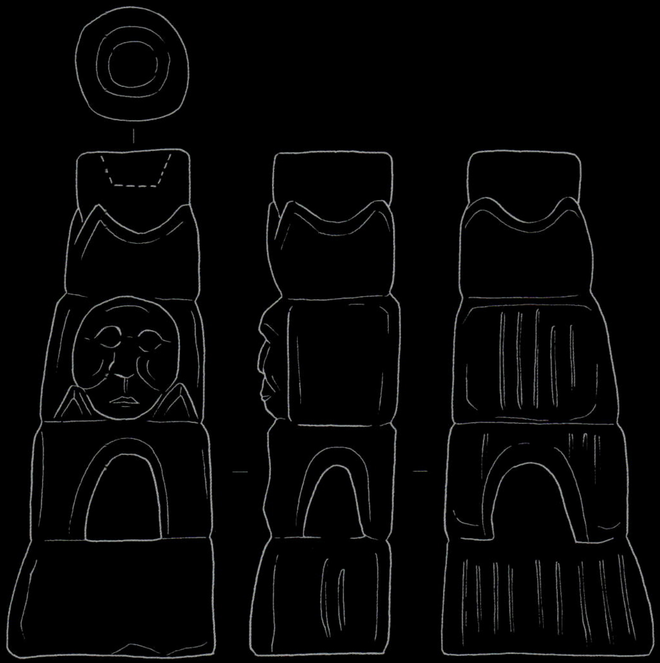

161

人面兽身石灯

近代

高 54 厘米，重 21 千克

Stone Lamp in the Shape of Human Face Animals

19 Century — Early 20 Century

Height 54cm, Weight 21kg

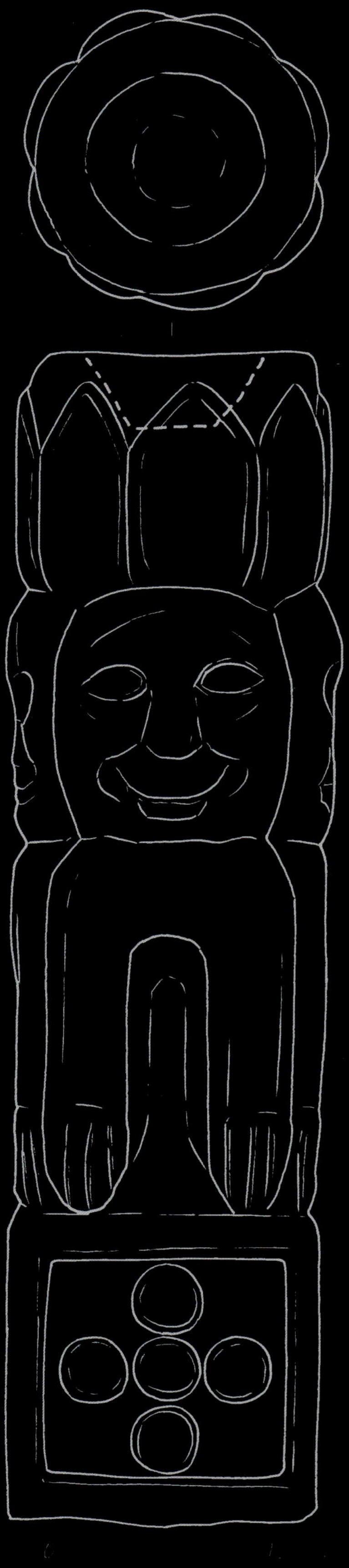

162

供养人石灯

唐代（618年—907年）
高32.5厘米，重6.5千克

Stone Lamp with Bas-relief Sculptures of Patrons

Tang Dynasty (618-907AD)

Height 32.5cm, Weight 6.5kg

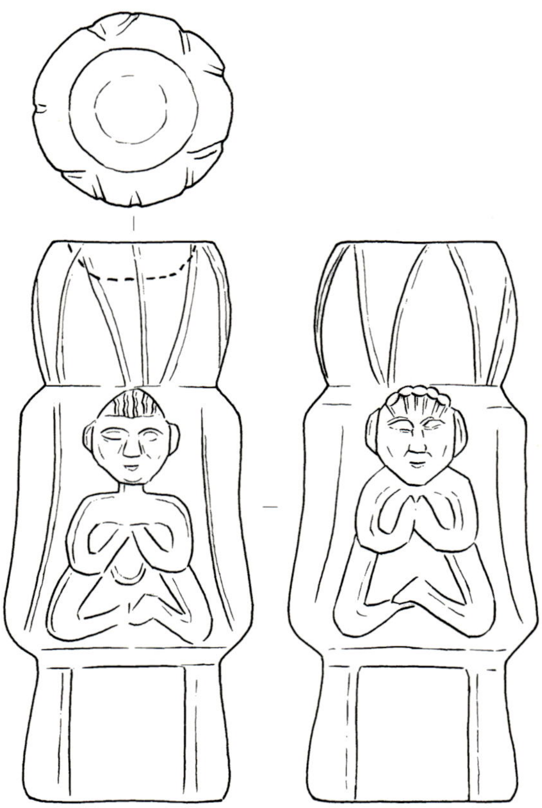

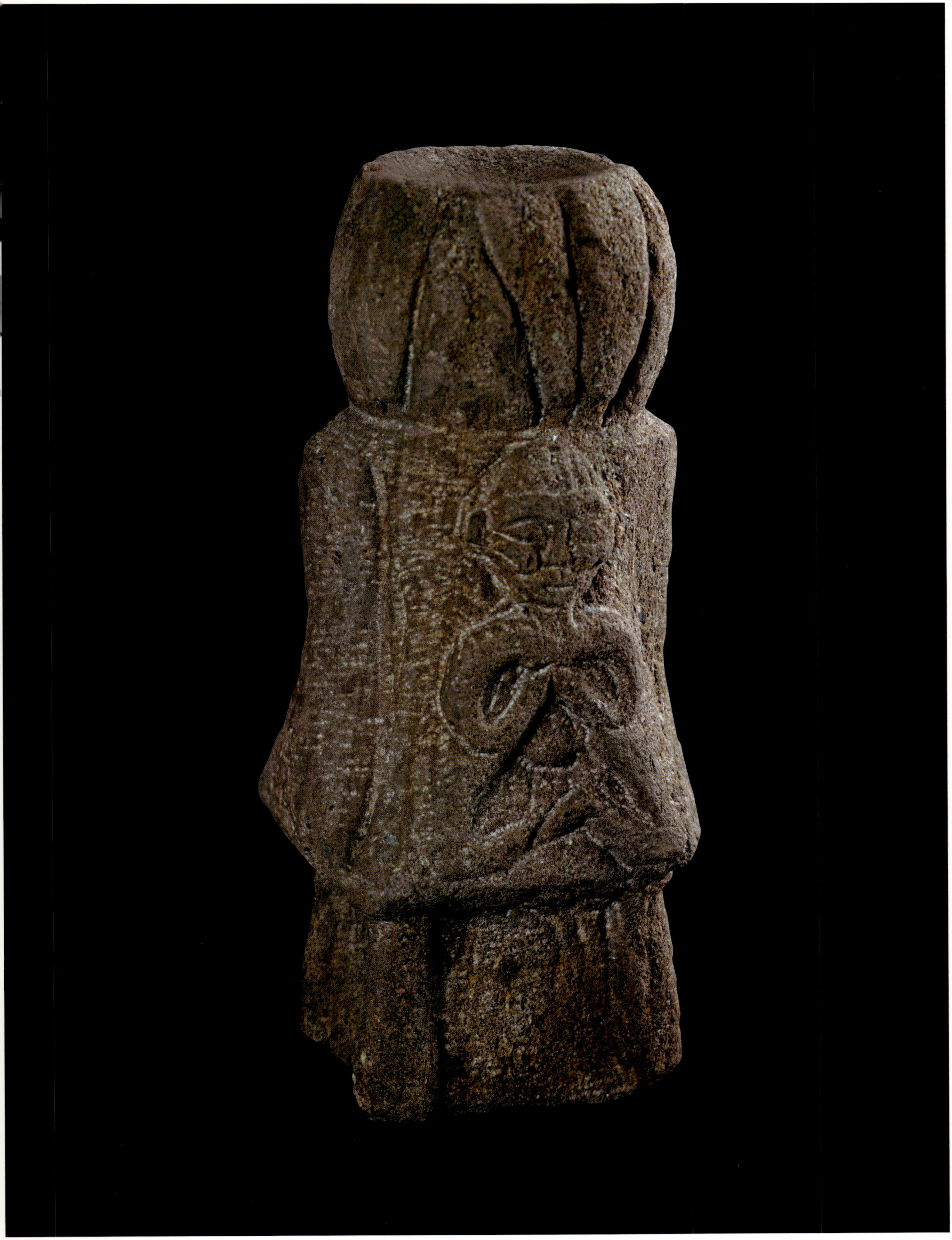

163

供养人石灯

唐代（618年—907年）

高45厘米，重17.5千克

Stone Lamp in the Shape of a Patron

Tang Dynasty (618-907AD)

Height 45 cm, Weight 17.5.5kg

164

供养人石灯

唐代（618年—907年）

高48.5厘米，重27千克

Stone Lamp in the Shape of a Patron

Tang Dynasty (618-907AD)

Height 48.5cm, Weight 27kg

165

供养人石灯

唐代（618年—907年）

高44厘米，重15千克

Stone Lamp in the Shape of a Patron

Tang Dynasty (618-907AD)

Height 44cm, Weight 15kg

166

供养人石灯

唐代（618年—907年）

高50.5厘米，重25千克

Stone Lamp in the Shape of a Patron

Tang Dynasty (618-907AD)

Height 50.5cm, Weight 25kg

167

人物石灯

唐代（618年—907年）

高47.5厘米，重16千克

Stone Lamp in the Shape of a Man

Tang Dynasty (618-907AD)

Height 47.5cm, Weight 16kg

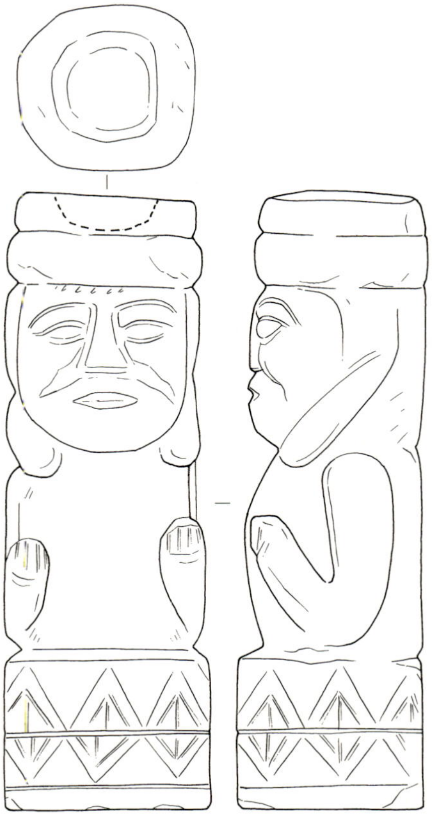

168

人物石灯

唐代（618年—907年）

高45厘米，重24千克

Stone Lamp in the Shape of a Man

Tang Dynasty (618-907AD)

Height 45cm, Weight 24kg

169

人物石灯

唐代（618 年—907 年）

高 49 厘米，重 19 千克

Stone Lamp in the Shape of a Man Holding a Human Head

Tang Dynasty (618-907AD)

Height 49cm, Weight 19kg

170

人物石灯

唐代（618年—907年）

高48.8厘米，重16千克

Stone Lamp in the Shape of a Man

Tang Dynasty (618-907AD)

Height 48.8cm, Weight 16kg

171

人物石灯

唐代（618年—907年）

高37厘米，重12千克

Stone Lamp in the Shape of a Man

Tang Dynasty (618-907AD)

Height 37cm, Weight 12kg

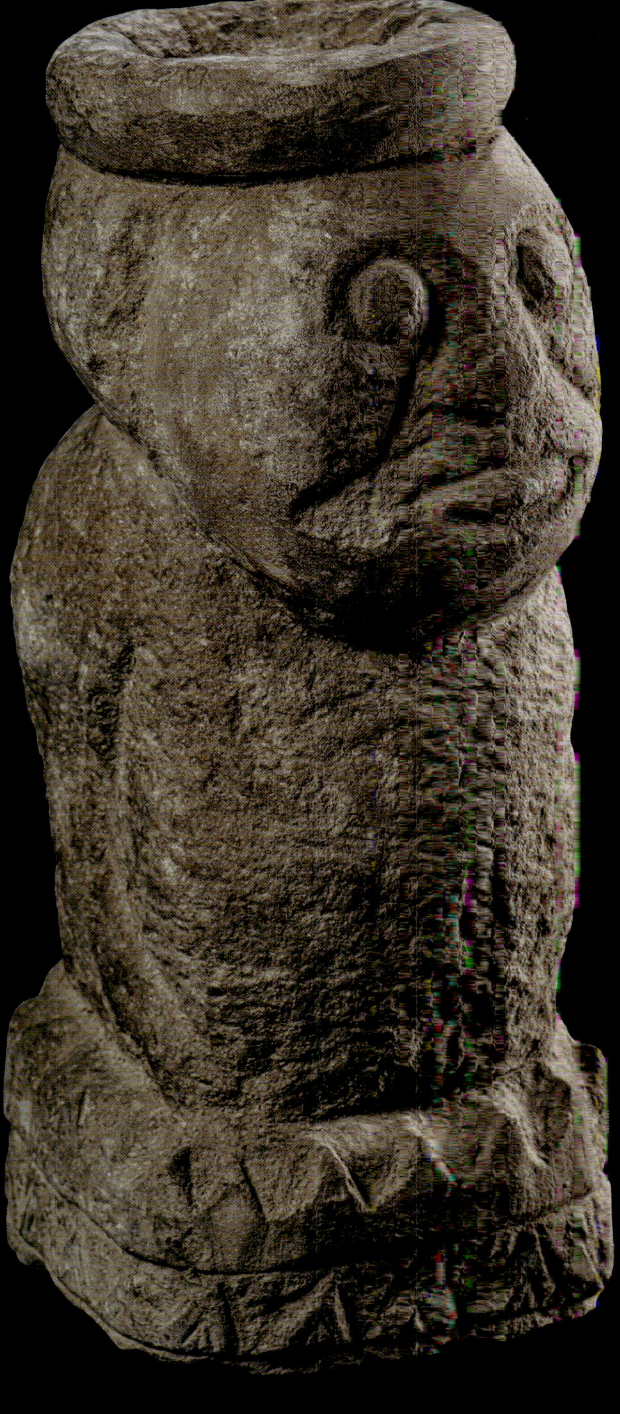

172

人物石灯

唐代（618年—907年）
高38厘米，重14千克

Stone Lamp in the Shape of a Man

Tang Dynasty (618-907AD)

Height 38cm, Weight 14kg

173

人物石灯

唐代（618年—907年）

高47.5厘米，重18.5千克

Stone Lamp in the Shape of a Man

Tang Dynasty (618-907AD)

Height 47.5cm, Weight 18.5kg

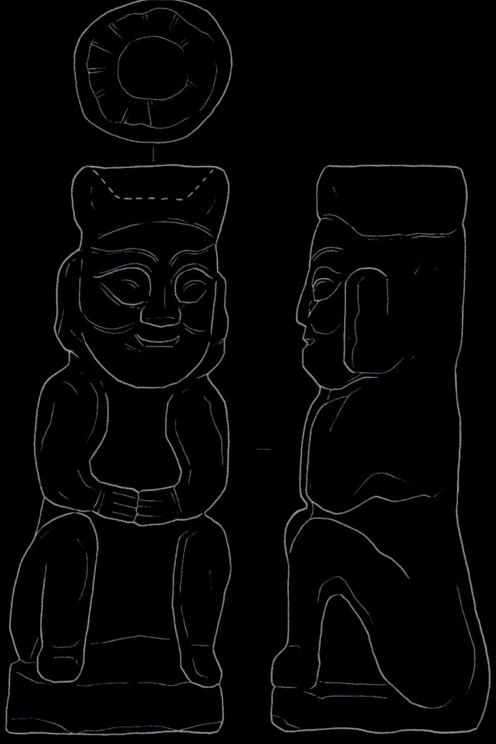

174

人物石灯

唐代（618年—907年）

高43厘米，重14.3千克

Stone Lamp in the Shape of a Man

Tang Dynasty (618-907AD)

Height 43cm, Weight 14.3kg

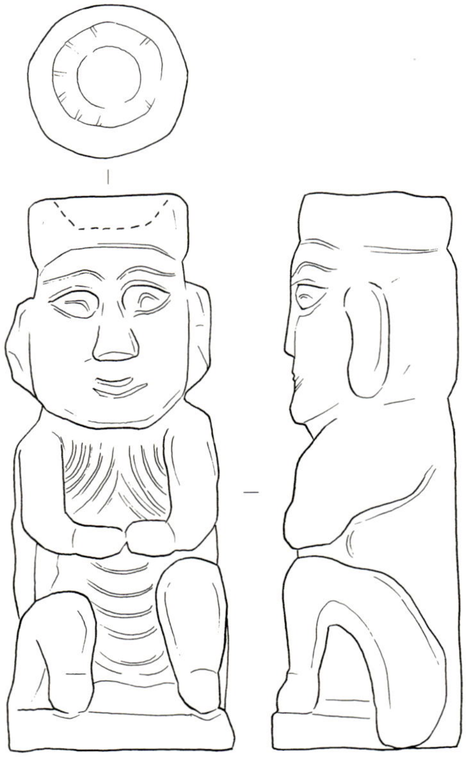

175

人物石灯

近代

高 44.7 厘米，重 15 千克

Stone Lamp in the Shape of a Man

19 Century — Early 20 Century

Height 44.7cm, Weight 15kg

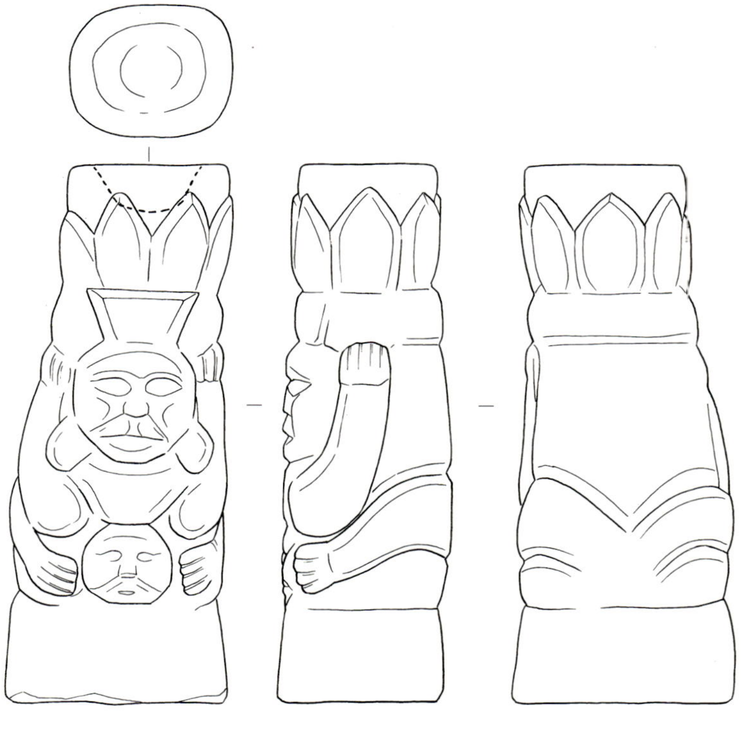

176

人物石灯

唐代（618年—907年）

高38厘米，重10千克

Stone Lamp in the Shape of a Man

Tang Dynasty (618-907AD)

Height38, Weight 10kg

177

男女合体石灯

近代

高 34.5 厘米，重 11 千克

Stone Lamp of a Couple

19 Century — Early 20 Century

Height 34.5cm, Weight 11kg

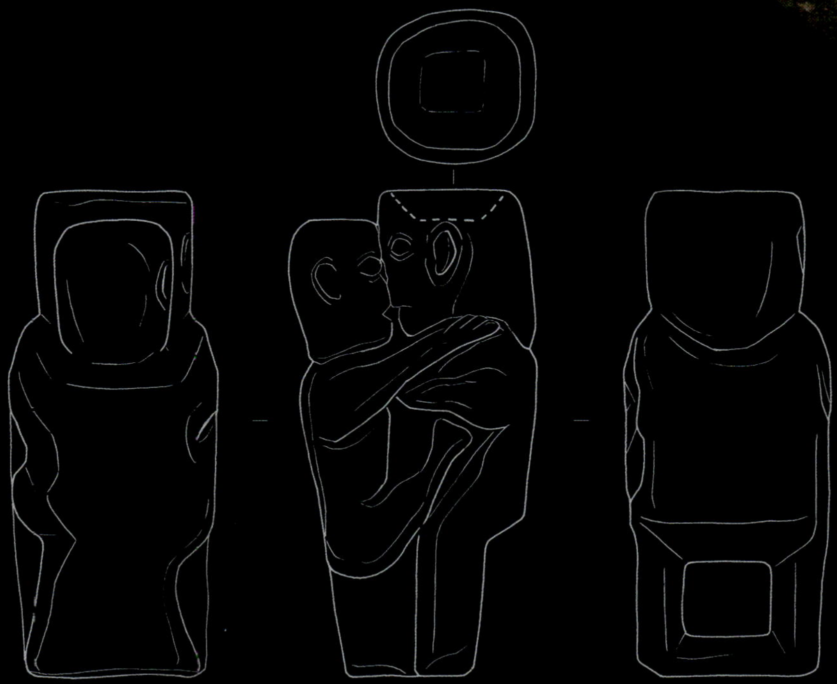

178

母子猴石灯

清代（1644 年—1911 年）

高 40 厘米，重 14 千克

Stone Lamp in the Shape of Monkey Mother and Baby

Qing Dynasty (1644-1911AD)

Height 40cm, Weight 14kg

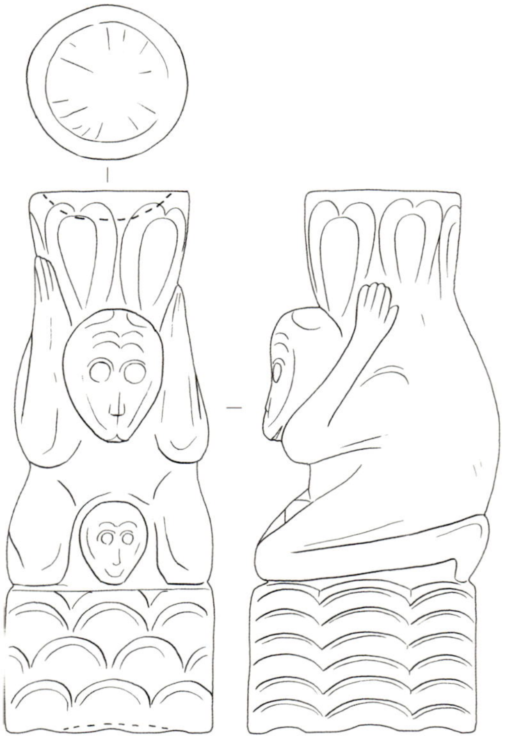

179

母子猴石灯

清代（1644年—1911年）

高37厘米，重7.9千克

Stone Lamp in the Shape of Monkey Mother and Baby

Qing Dynasty (1644-1911AD)

Height 37cm, Weight 7.9kg

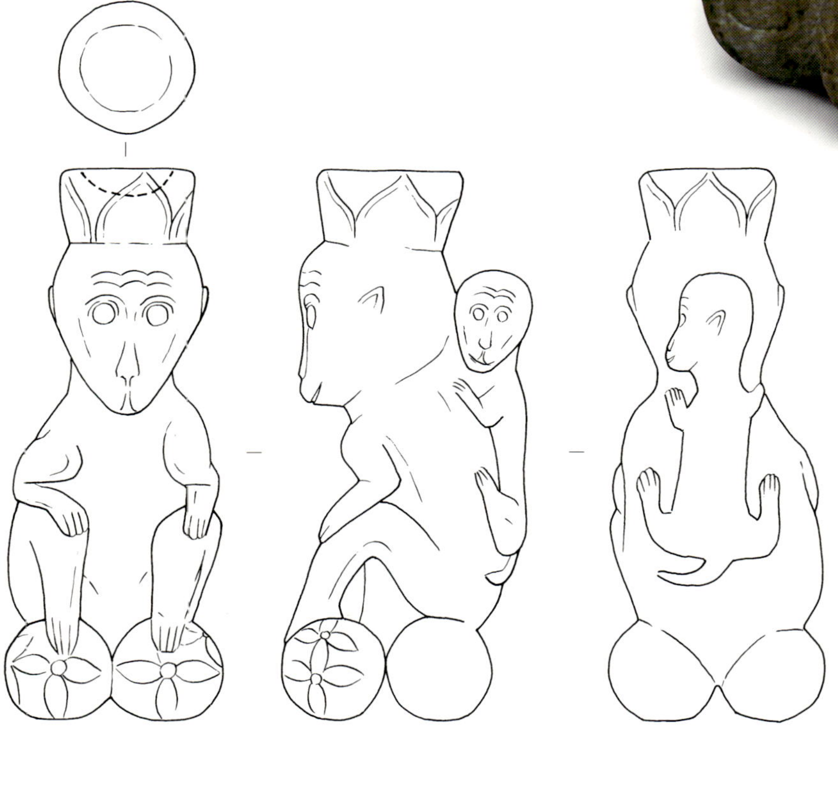

180

母子猴石灯

清代（1644年—1911年）
高32厘米，重8.5千克

Stone Lamp in the Shape of Monkey Mother and Baby

Qing Dynasty (1644-1911AD)

Height 32cm, Weight 8.5kg

181

母子猴石灯

清代（1644年—1911年）

高48厘米，重15.5千克

Stone Lamp in the Shape of Monkey Mother and Baby

Qing Dynasty (1644-1911AD)

Height 48cm, Weight 15.5kg

182

母子猴石灯

清代（1644年—1911年）

高45.6厘米，重14千克

Stone Lamp of Monkey Mother and Baby

Qing Dynasty (1644-1911AD)

Height 45.6cm, Weight 14 kg

183

母子猴石灯

清代（1644 年—1911 年）
高 47.5 厘米，重 19 千克

Stone Lamp of Monkey Mother and Baby

Qing Dynasty (1644-1911AD)

Height 47.5cm, Weight 19kg

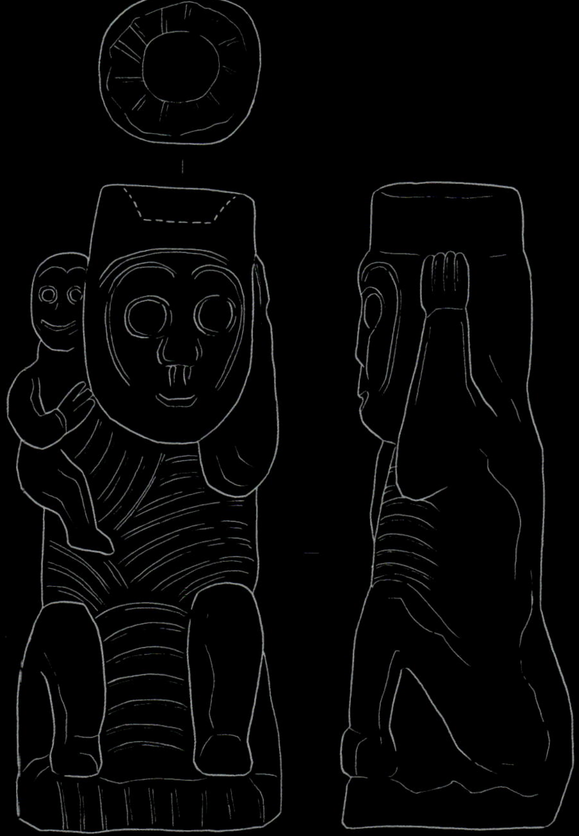

184

母子猴石灯

清代（1644 年—1911 年）

高 37 厘米，重 11.5 千克

Stone Lamp in the Shape of Monkey Mother and Baby

Qing Dynasty (1644-1911AD)

Height 37cm, Weight 11.5kg

185

猴抱树石灯

清代（1644年—1911年）
高40厘米，重7.3千克

Stone Lamp in the Shape of a Tree and a Climbing Monkey

Qing Dynasty (1644-1911AD)

Height 40cm, Weight 7.3kg

186

猴抱树石灯

清代（1644年—1911年）
高45厘米，重11千克

Stone Lamp in the Shape of a Tree and a Climbing Monkey

Qing Dynasty (1644-1911AD)

Height 45cm, Weight 11kg

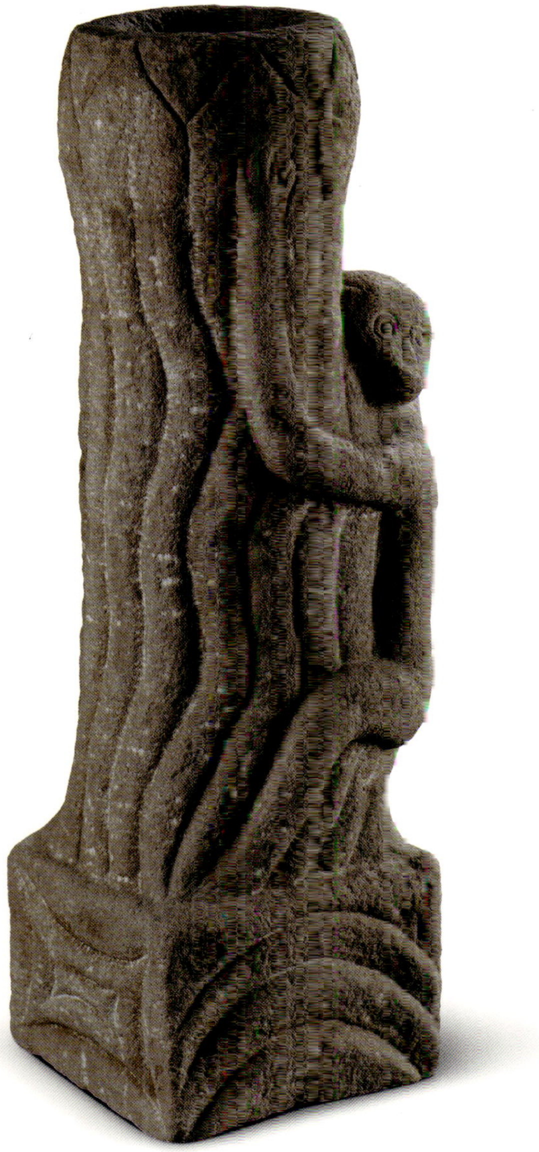

187

猴抱树石灯

清代（1644年—1911年）

高41.5厘米，重8.5千克

Stone Lamp in the Shape of a Tree and a Climbing Monkey

Qing Dynasty (1644-1911AD)

Height 41.5cm, Weight 8.5kg

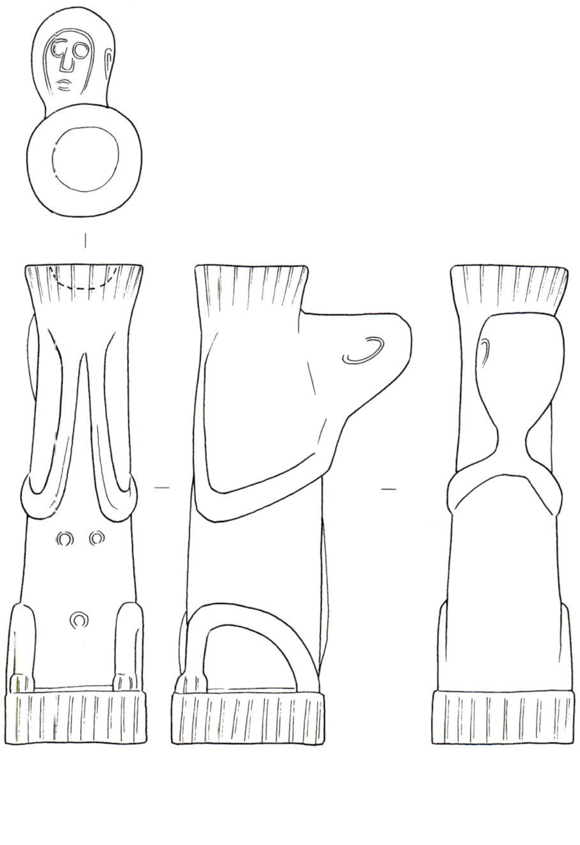

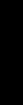

188

猴抱桃子石灯

清代（1644年—1911年）

高37厘米，重13.5千克

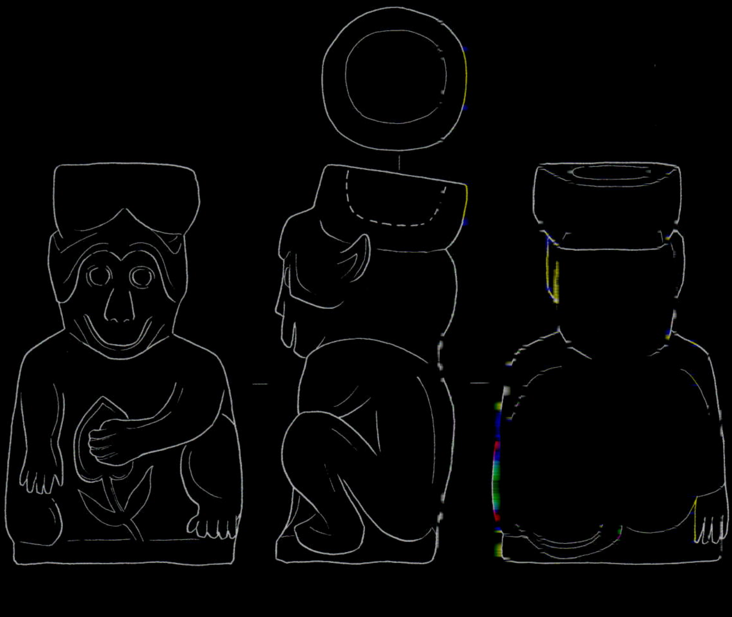

Stone Lamp in the Shape of a Monkey

Qing Dynasty (1644-1911AD)

Height 37cm, Weight 13.5kg

189

猴抱桃子石灯

清代（1644 年—1911 年）

高 40 厘米，重 11.3 千克

Stone Lamp in the Shape of a Monkey

Qing Dynasty (1644-1911AD)

Height 40cm, Weight 11.3kg

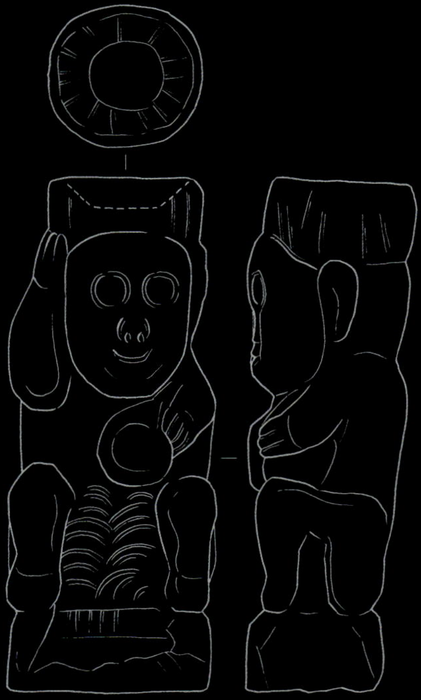

190

猴抱桃子石灯

清代（1644年—1911年）

高49.5厘米，重16千克

Stone Lamp in the Shape of a Monkey

Qing Dynasty (1644-1911AD)

Height 49.5cm, Weight 16kg

191

四猴抱柱石灯

清代（1644年—1911年）
高37厘米，重11.5千克

Stone Lamp with Four Monkeys

Qing Dynasty (1644-1911AD)

Height 37cm, Weight 11.5kg

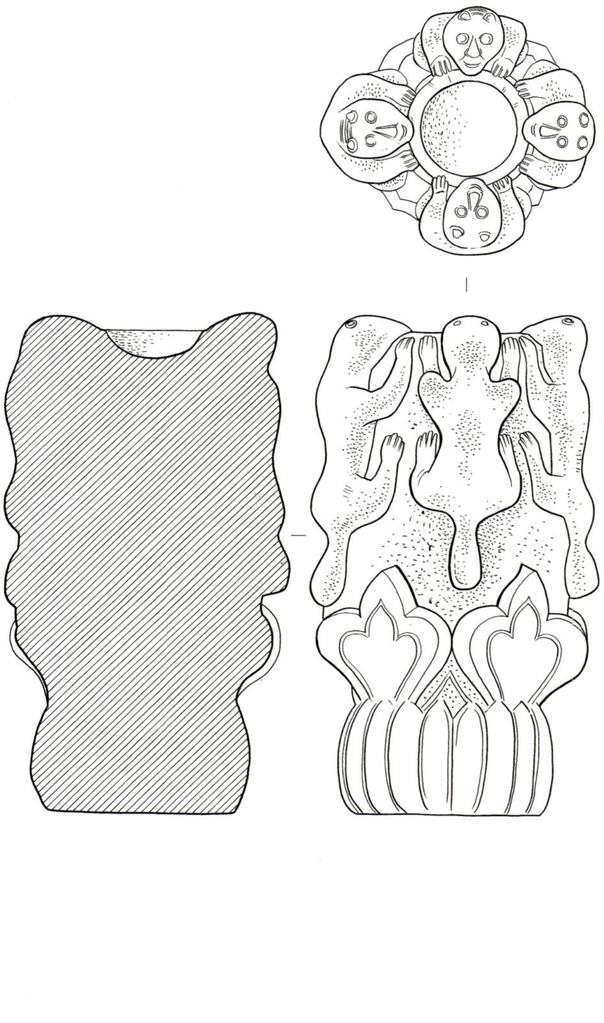

192

猴石灯

清代（1644年—1911年）

高34.5厘米，重7千克

Stone Lamp in the Shape of a Monkey

Qing Dynasty (1644-1911AD)

Height 34.5cm, Weight 7kg

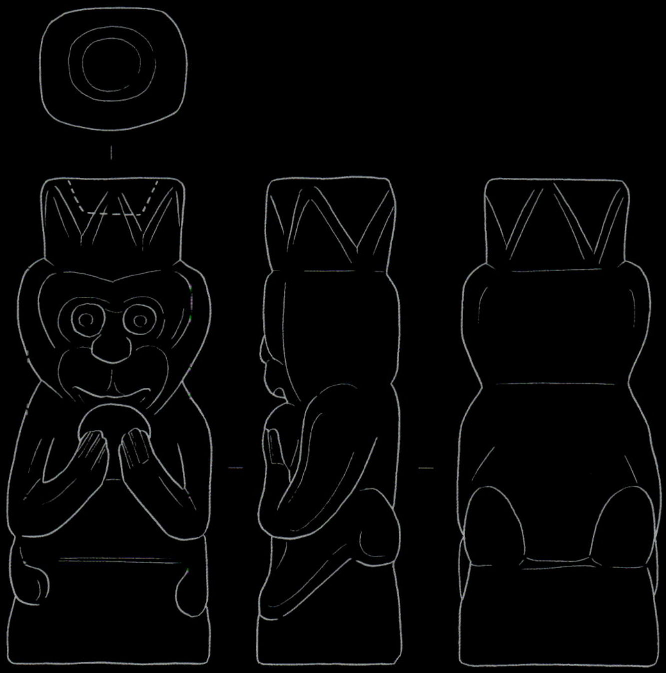

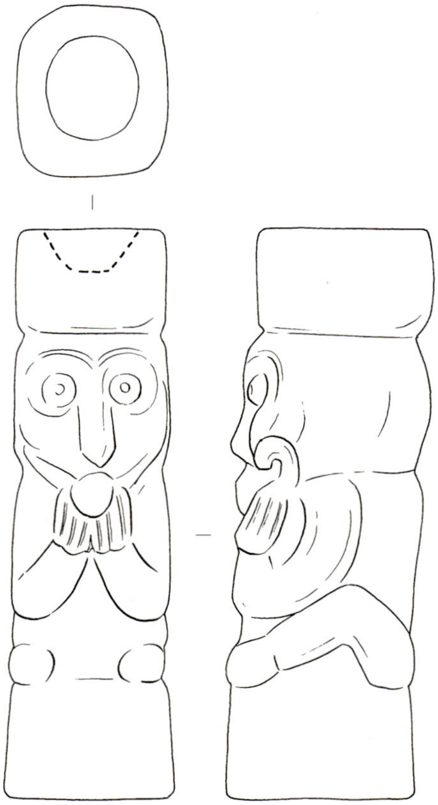

193

猴石灯

清代（1644年—1911年）

高35厘米，重6.5千克

Stone Lamp in the Shape of a Monkey

Qing Dynasty (1644-1911AD)

Height 35cm, Weight 6.5kg

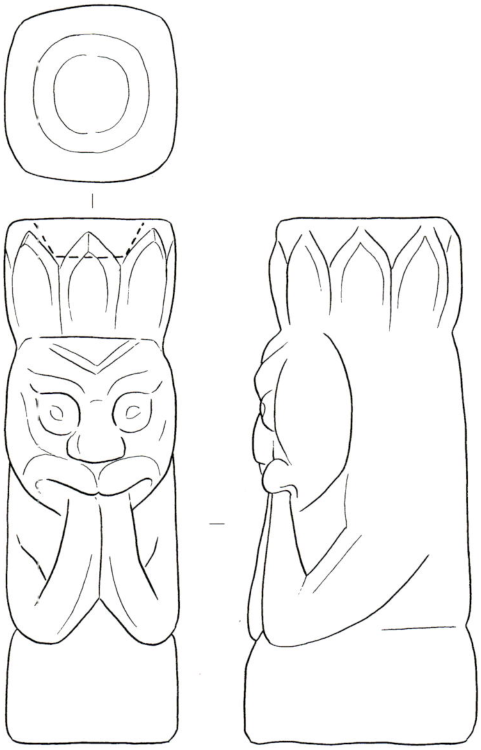

194

猴石灯

清代（1644年—1911年）
高35.3厘米，重9.5千克

Stone Lamp in the Shape of a Monkey

Qing Dynasty (1644-1911AD)

Height 35.3cm, Weight 9.5kg

195

猴石灯

清代（1644年—1911年）

高42.7厘米，重10.5千克

Stone Lamp in the Shape of a Monkey

Qing Dynasty (1644-1911AD)

Height 42.7cm, Weight 10.5kg

196

猴石灯

清代（1644年—1911年）

高38厘米，重11.3千克

Stone Lamp in the Shape of a Monkey

Qing Dynasty (1644-1911AD)

Height 38cm, Weight 11.3kg

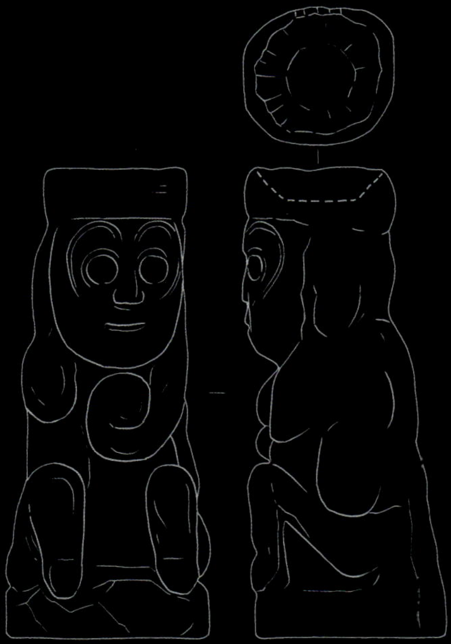

197

猴石灯

清代（1644年—1911年）
高35厘米，重11千克

Stone Lamp in the Shape of a Monkey

Qing Dynasty (1644-1911AD)

Height 35cm, Weight 11kg

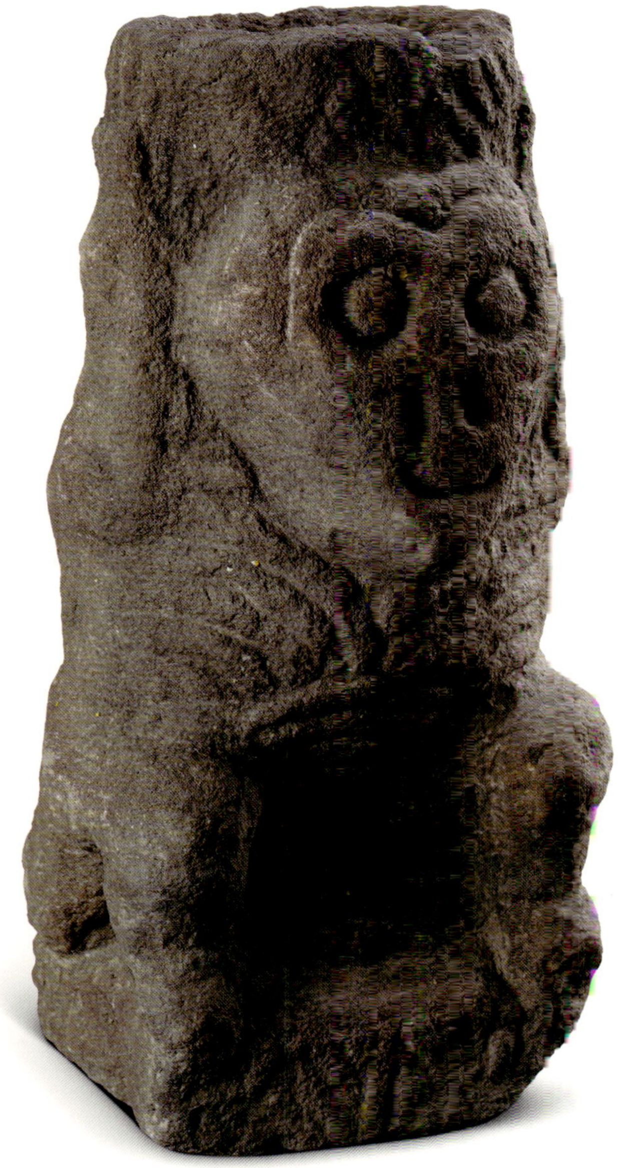

198

猴石灯

清代（1644年—1911年）

高40厘米，重11千克

Stone Lamp in the Shape of a Monkey

Qing Dynasty (1644-1911AD)

Height 40cm, Weight 11kg

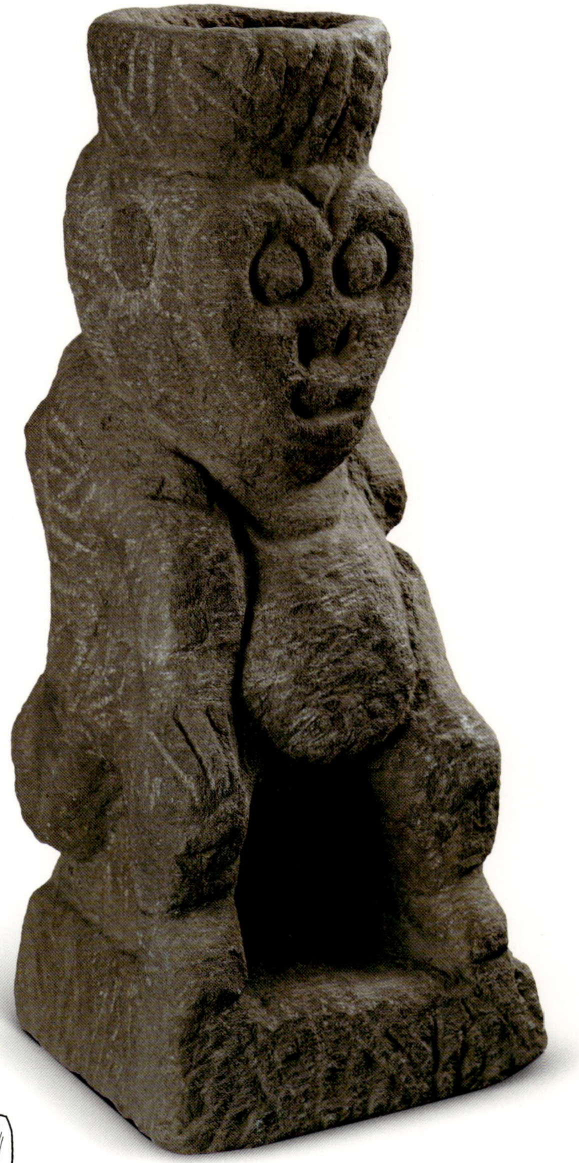

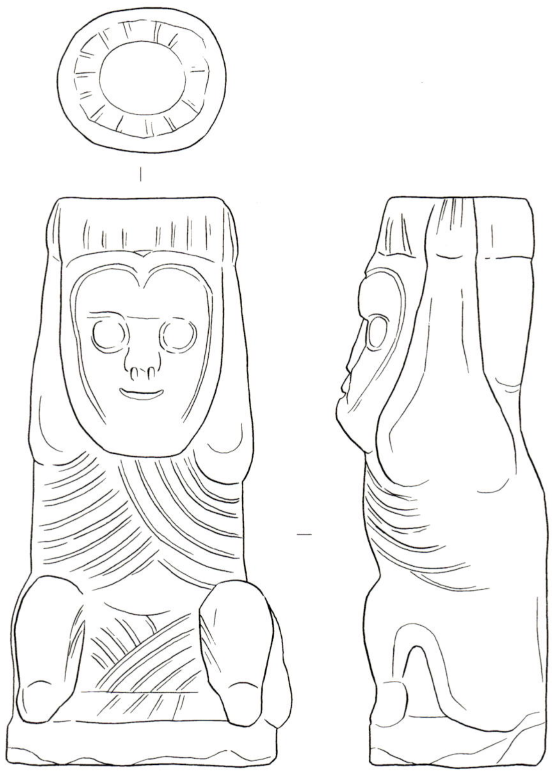

199

猴石灯

清代（1644年—1911年）
高42厘米，重14千克

Stone Lamp in the Shape of a Monkey

Qing Dynasty (1644-1911AD)

Height 42cm, Weight 14kg

200

猴石灯

清代（1644年—1911年）

高46厘米，重15.5千克

Stone Lamp in the Shape of a Monkey

Qing Dynasty (1644-1911AD)

Height 46cm, Weight 15.5 kg

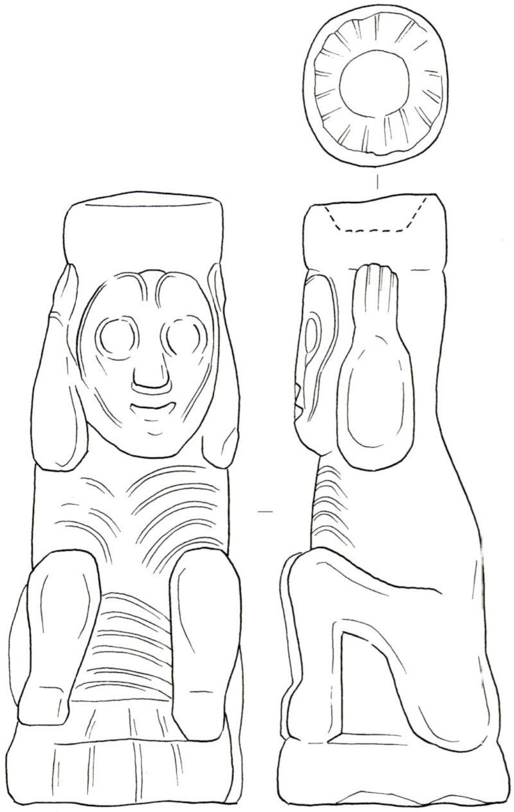

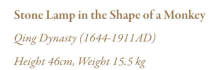

201

猴石灯

清代（1644年—1911年）

高48.5厘米，重21千克

Stone Lamp in the Shape of a Monkey

Qing Dynasty (1644-1911AD)

Height 48.5cm, Weight 21kg

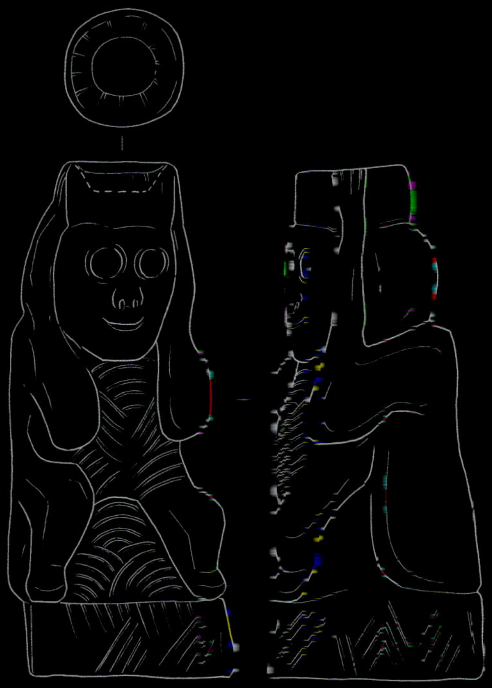

202

猴石灯

清代（1644年—1911年）

高29厘米，重8.7千克

Stone Lamp in the Shape of a Monkey

Qing Dynasty (1644-1911AD)

Height 29cm, Weight 8.7kg

203

猴石灯

清代（1644年—1911年）

高34.3厘米，重14.3千克

Stone Lamp in the Shape of a Monkey

Qing Dynasty (1644-1911AD)

Height 34.3cm, Weight 14.3kg

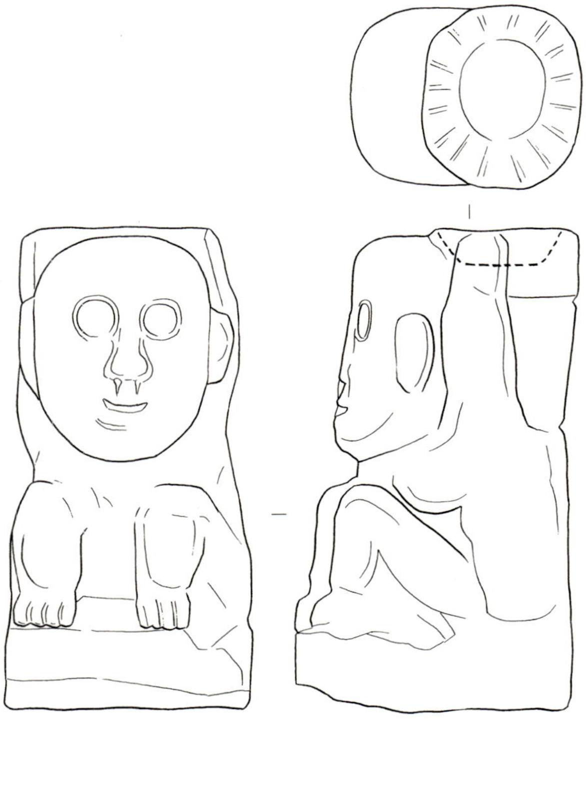

204

猴石灯

清代（1644年—1911年）
高37.4厘米，重10千克

Stone Lamp in the Shape of a Monkey

Qing Dynasty (1644-1911AD)

Height 37.4cm, Weight 10kg

205

猴石灯

清代（1644年—1911年）

高28厘米，重4千克

Stone Lamp in the Shape of a Monkey

Qing Dynasty (1644-1911AD)

Height 28cm, Weight 4kg

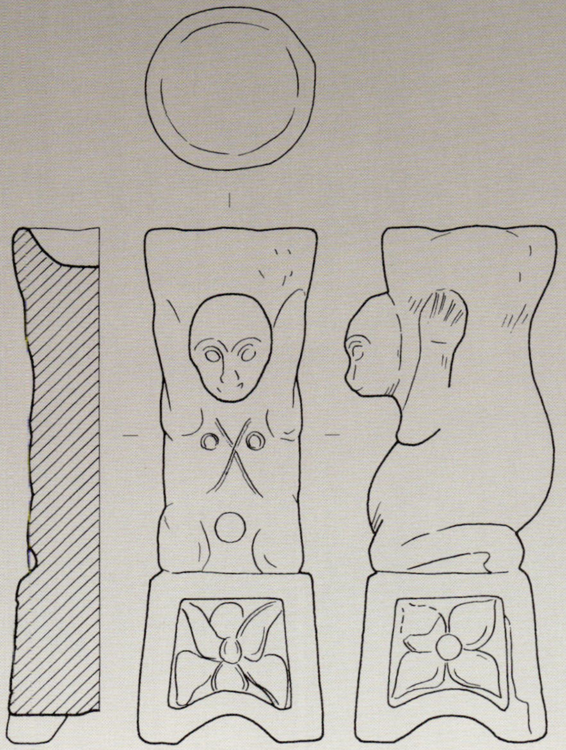

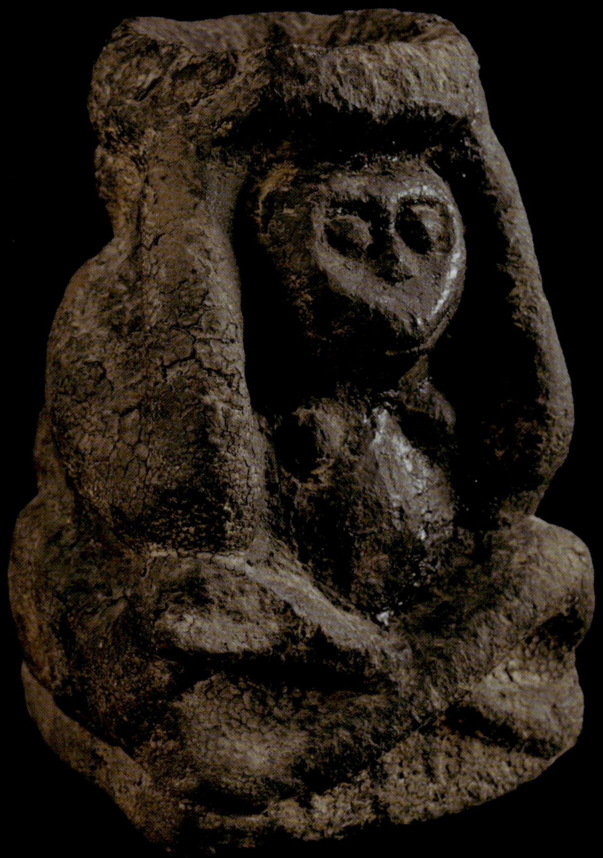

206

猴石灯

清代（1644年—1911年）

高23厘米，重5千克

Stone Lamp in the Shape of a Monkey

Qing Dynasty (1644-1911AD)

Height 23cm, Weight 5kg

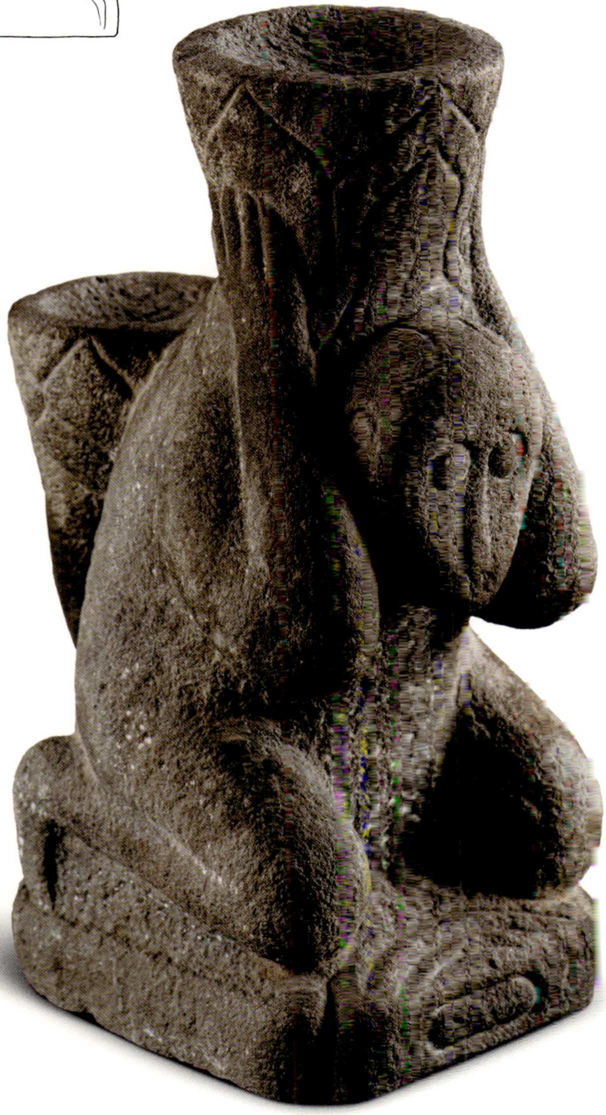

207

猴形双碗石灯

清代（1644年—1911年）

高32.3厘米，重7.5千克

Stone Lamp in the Shape of a Monkey with Two Lamp Bowls

Qing Dynasty (1644-1911AD)

Height 32.3cm, Weight 7.5kg

208

鸡形石灯

近代

高 30.5 厘米，长 42 厘米，

重 16.6 千克

Stone Lamp in the Shape of a Chicken

19 Century — Early 20 Century

Height 30.5cm, Length 42cm, Weight 16.6kg

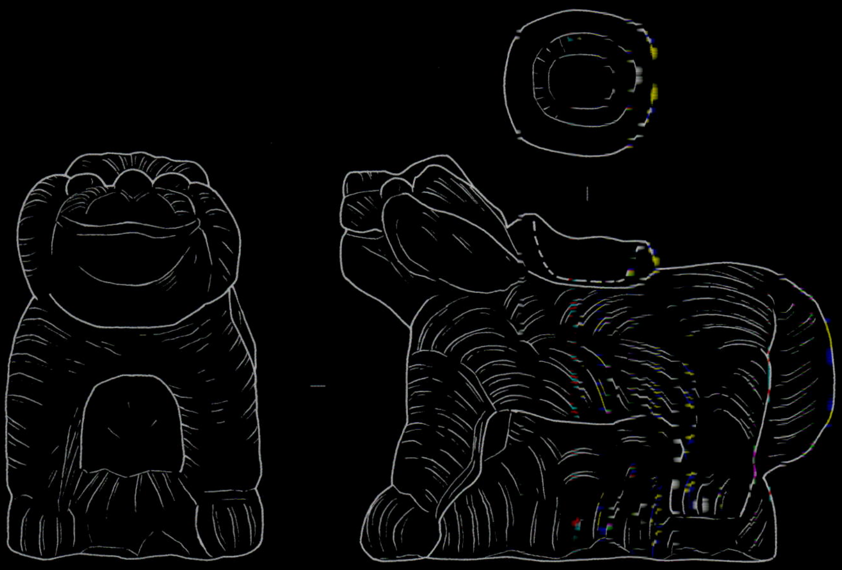

209

狗形灯

近代

高28厘米，长33厘米，重16千克

Stone Lamp in the Shape of a Dog

19 Century — Early 20 Century

Height 28cm, Length 33cm, Weight 16kg

210

兽形石灯

近代

高 34.7 厘米，重 10 千克

Stone Lamp in the Shape of an Animal

19 Century — Early 20 Century

Height 34.7cm, Weight 10kg

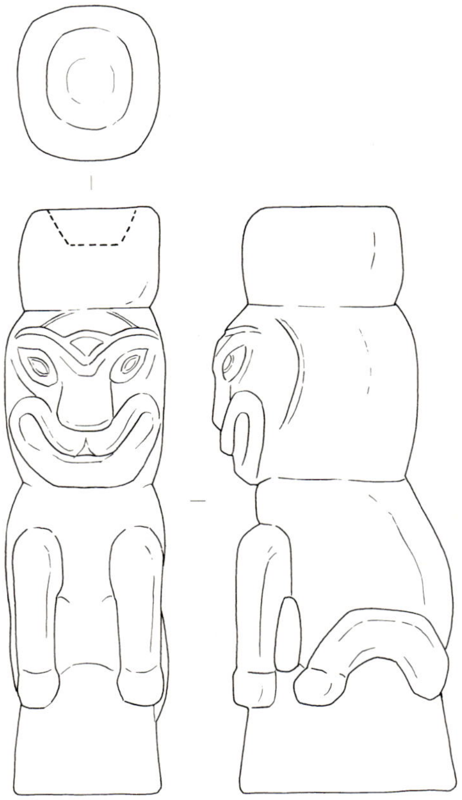

211

兽形石灯

近代

高 47 厘米，重 14.5 千克

Stone Lamp in the Shape of an Animal

19 Century — Early 20 Century

Height 47cm, Weight 14.5kg

212

兽形石灯

近代

高 36 厘米，重 7 千克

Stone Lamp in the Shape of an Animal

19 Century — Early 20 Century

Height 36cm, Weight 7kg

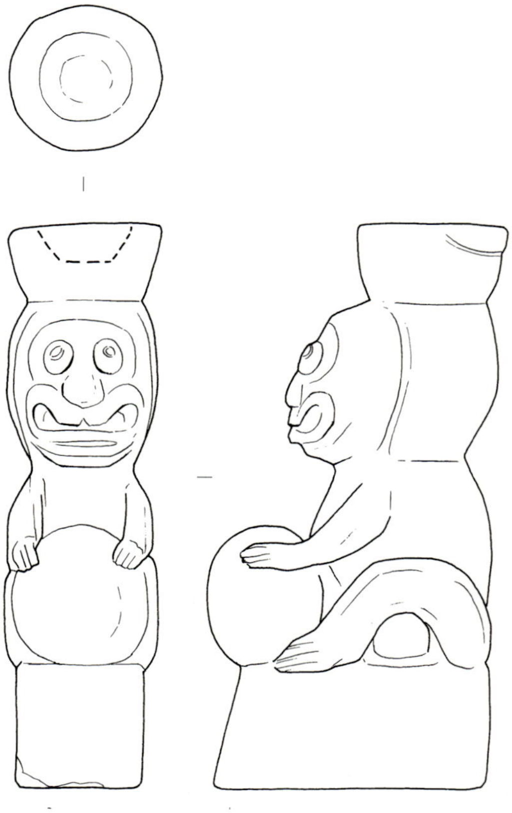

213

兽形石灯

近代

高 34 厘米，重 9 千克

Stone Lamp in the Shape of an Animal

19 Century — Early 20 Century

Height 34cm, Weight 9kg

214

兽形石灯

近代

高 37.3 厘米，重 8.5 千克

Stone Lamp in the Shape of an Animal

19 Century — Early 20 Century

Height 37.3cm, Weight 8.5kg

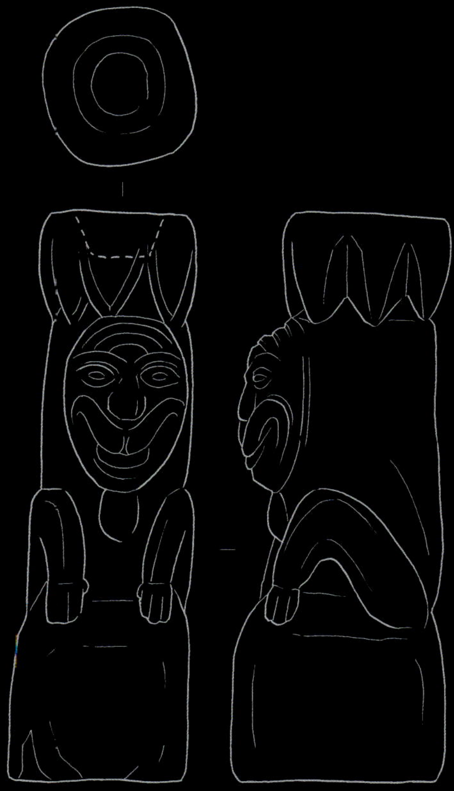

215

兽形石灯

近代

高 45.5 厘米，重 17 千克

Stone Lamp in the Shape of an Animal

19 Century — Early 20 Century

Height 45.5cm, Weight 17kg

216

兽形石灯

近代

高 35.5 厘米，重 8.5 千克

Stone Lamp in the Shape of an Animal

19 Century — Early 20 Century

Height 35.5cm, Weight 8.5kg

217

兽形石灯

近代

高 35.5 厘米，重 7 千克

Stone Lamp in the Shape of an Animal

19 Century — Early 20 Century

Height 35.5cm, Weight 7kg

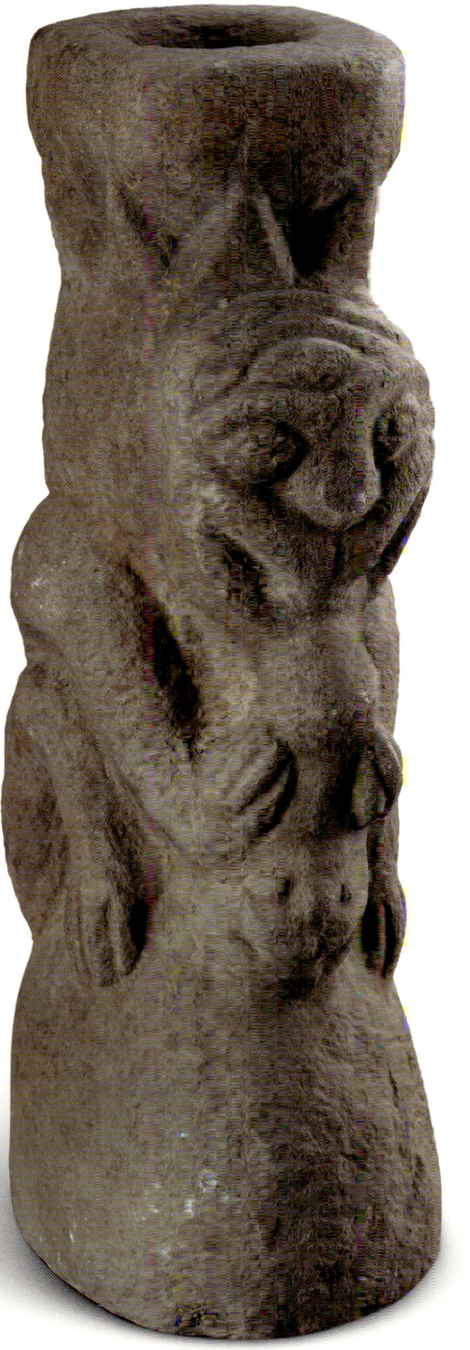

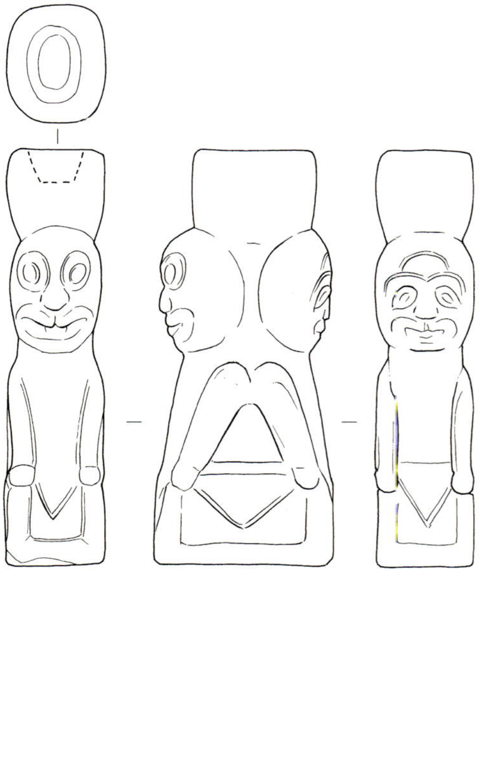

218

双面兽形石灯

近代

高 34.5 厘米，重 6.5 千克

Stone Lamp in the Shape of a Double Side Animal

19 Century — Early 20 Century

Height 34.5cm, Weight 6.5kg

219

兽形石灯

近代

高 45 厘米，重 16.5 千克

Stone Lamp in the Shape of an Animal

19 Century — Early 20 Century

Height 45cm, Weight 16.5kg

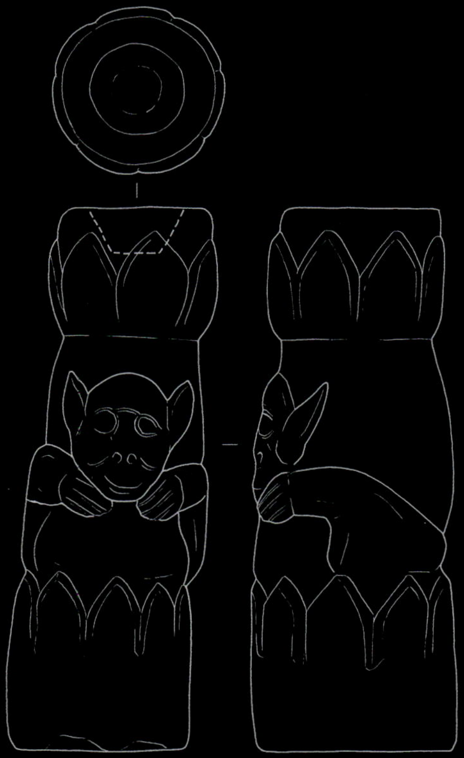

220

兽形石灯

近代

高 35 厘米，重 6 千克

Stone Lamp in the Shape of an Animal

19 Century — Early 20 Century

Height 35cm, Weight 6kg

221

兽形石灯

近代

高 28.5 厘米，长 40 厘米，

重 22 千克

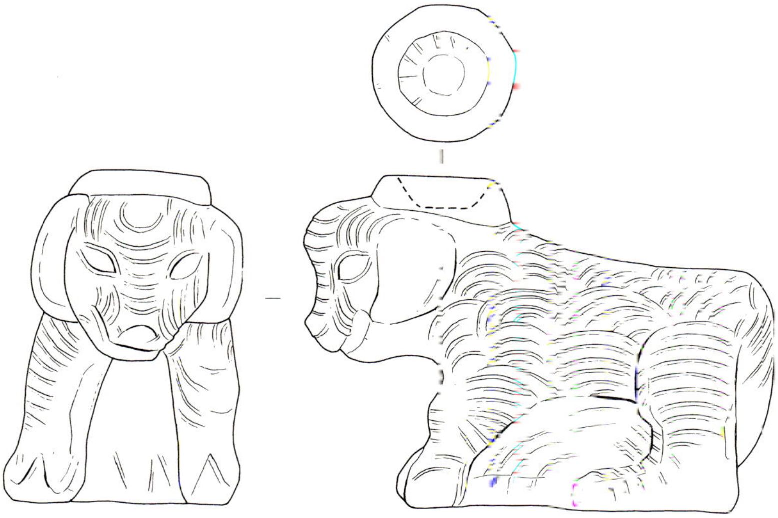

Stone Lamp in the Shape of an Animal

19 Century — Early 20 Century

Height 28.5cm, Length 40cm, Weight 22kg

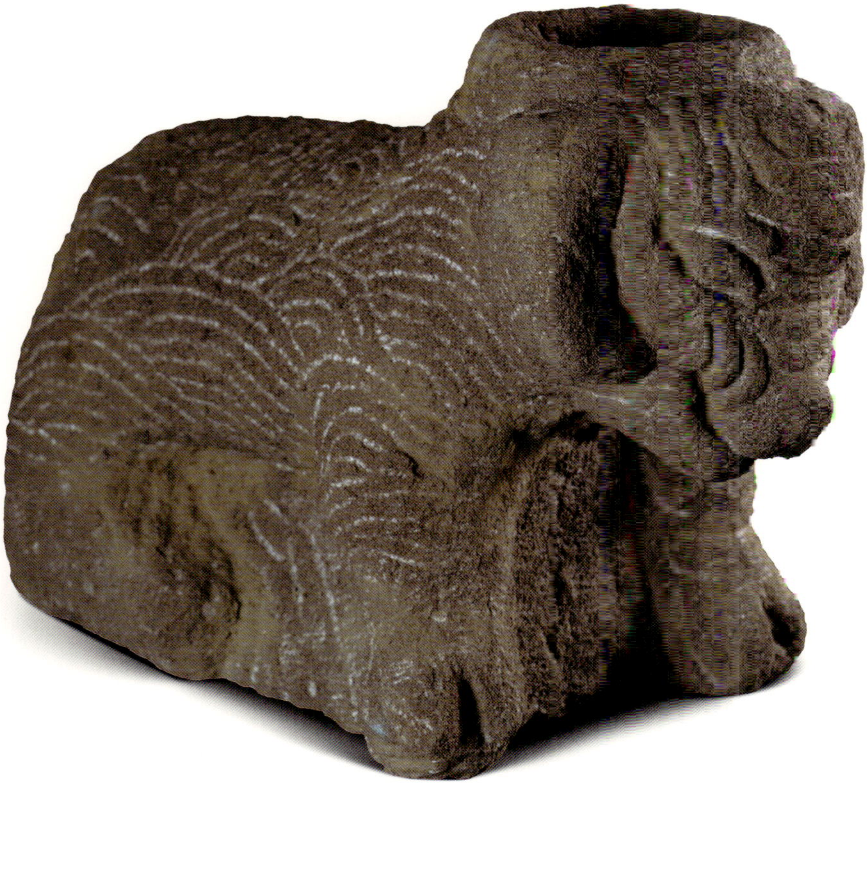

222

兽形石灯

近代

高 34.5 厘米，重 6 千克

Stone Lamp in the Shape of an Animal

19 Century — Early 20 Century

Height 34.5cm, Weight 6kg

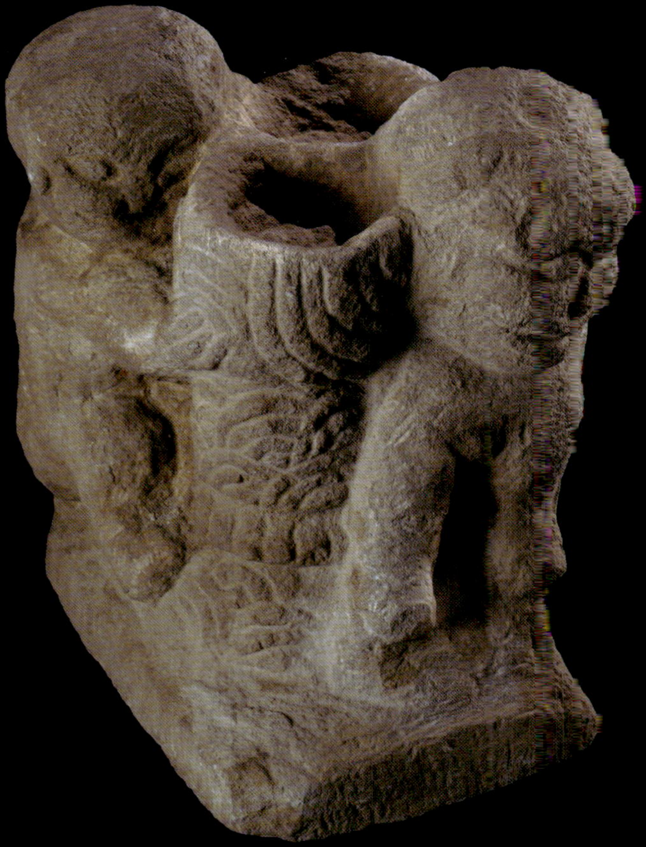

223

人面兽身双碗石灯

近代

高 28.5 厘米，重 12.5 千克

Stone Lamp in the Shape of Two Human Faced Animals with Two Lamp Bowls

19 Century — Early 20 Century

Height 28.5cm, Weight 12.5kg

224

四狮子石灯

近代

高 36 厘米，重 10 千克

Stone Lamp with Four Lions

19 Century — Early 20 Century

Height 36cm, Weight 10kg

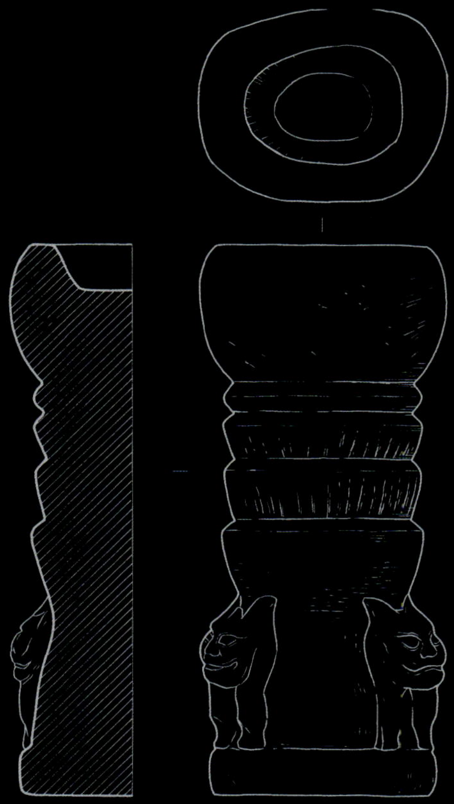

225

四狮子石灯

近代

高 23.5 厘米，重 6.5 千克

Stone Lamp with Four Lions

19 Century — Early 20 Century

Height 23.5cm, Weight 6.5kg

226

莲花纹石灯

宋宣和五年（1123年）

高44厘米，重55.4千克

◎『宣和五年二月廿九日平龙村贾义自法心出□□一贯』款

Stone Lamp

The Fifth Year of Xuanhe, Song Dynasty

(1123AD)

Height 44cm, Weight 55.4 kg

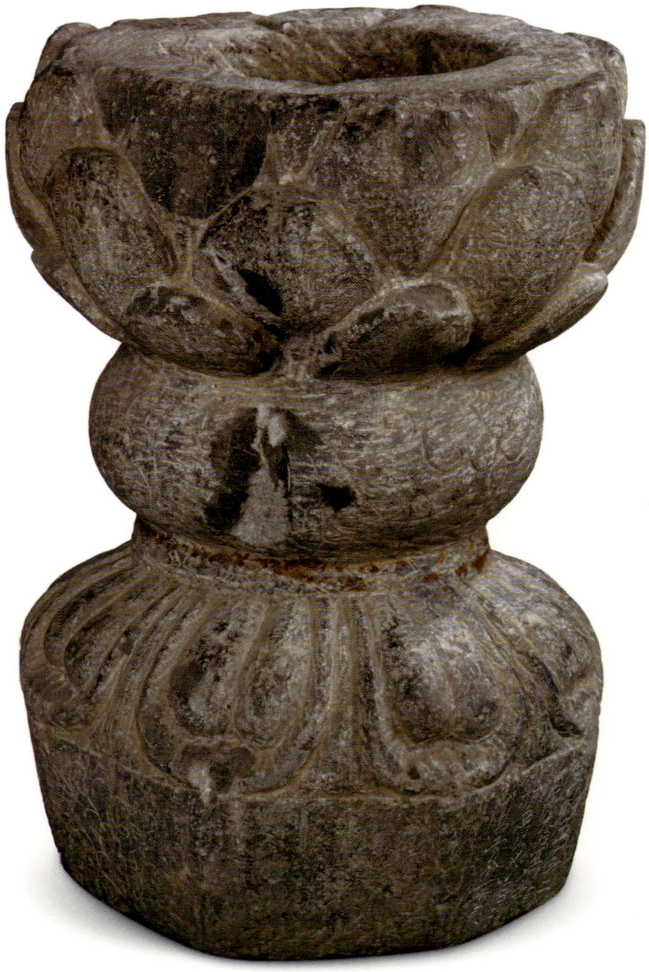

227

莲花纹石灯

近代

高 17.6 厘米，重 4.5 千克

Stone Lamp

19 Century — Early 20 Century

Height 17.6cm, Weight 4.5 kg

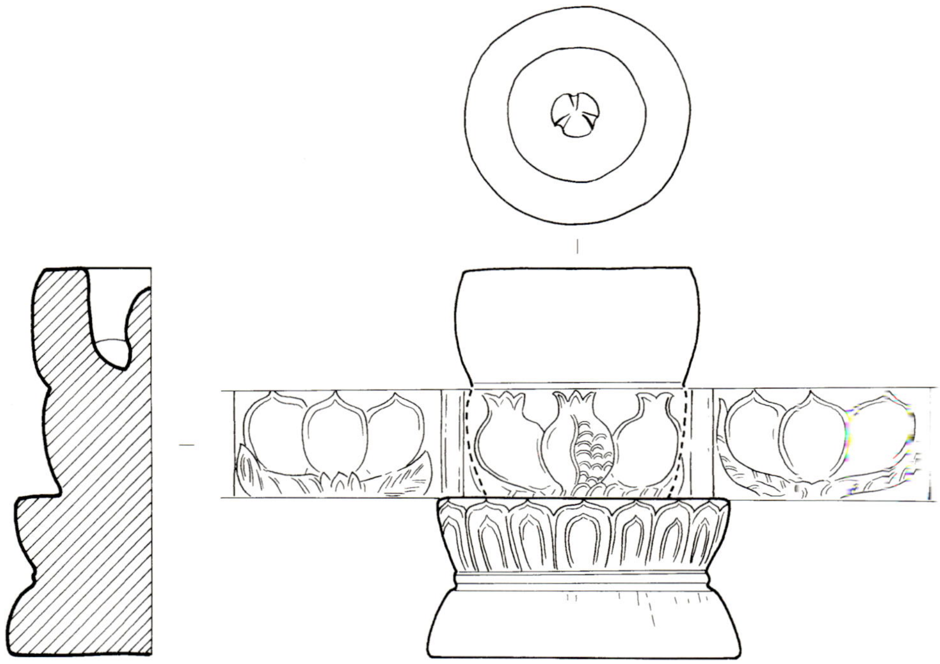

228

莲花纹石灯

近代

高 31 厘米，重 21 千克

Stone Lamp

19 Century — Early 20 Century

Height 31cm, Weight 21 kg

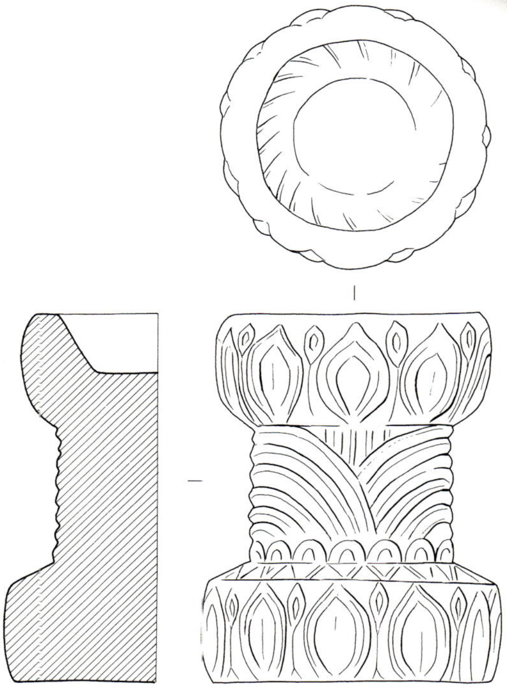

229

莲花纹石灯

近代

高 43 厘米，重 13 千克

Stone Lamp

19 Century — Early 20 Century

Height 43cm, Weight 13kg

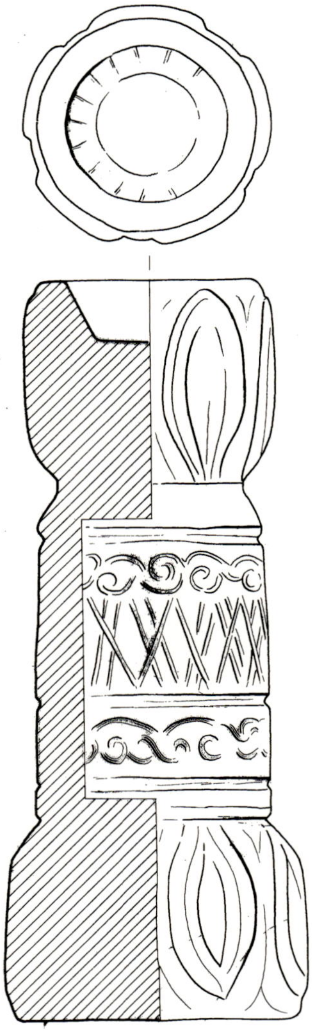

230

莲花纹石灯

近代

高48厘米，重20千克

Stone Lamp

19 Century — Early 20 Century

Height 48cm, Weight 20kg

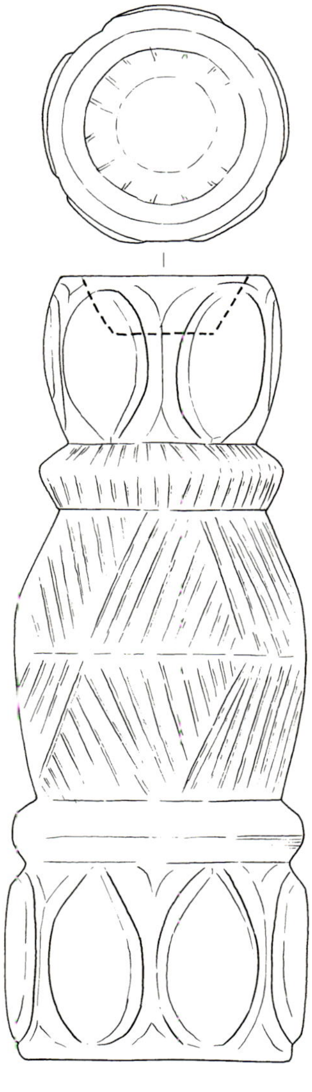

231

连珠纹石灯

唐代（618 年—907 年）

高 35.5 厘米，重 10.5 千克

Stone Lamp

Tang Dynasty (618-907AD)

Height 35.5cm, Weight 10.5kg

232

连珠纹石灯

高 38.5 厘米，重 7 千克

近代

Stone Lamp

19 Century — Early 20 Century

Height 38.5cm, Weight 7kg

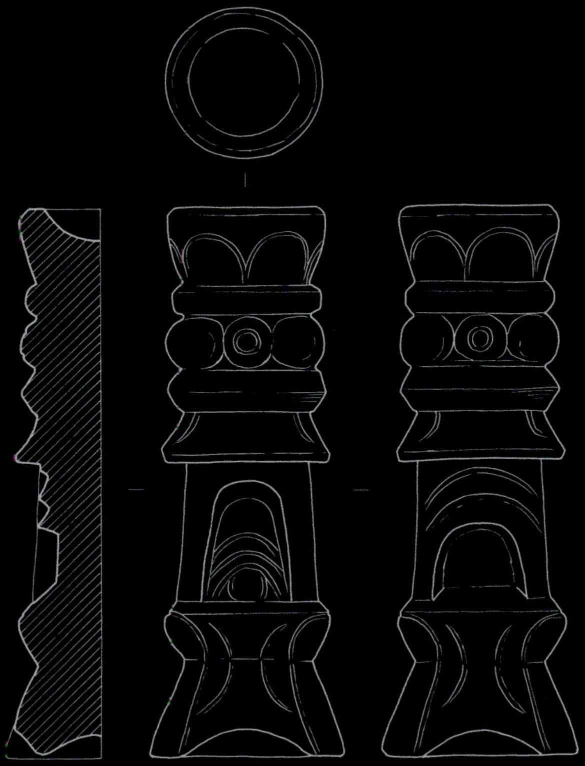

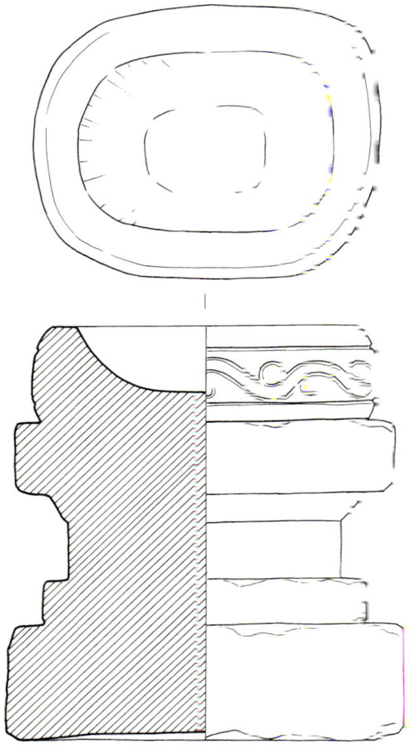

233

须弥座石灯

唐代（618年—907年）

高15厘米，重4千克

Stone Lamp

Tang Dynasty (618-907AD)

Height 15cm, Weight 4kg

234

花卉人物石灯

民国十三年（1924年）

高35.3厘米，重6千克

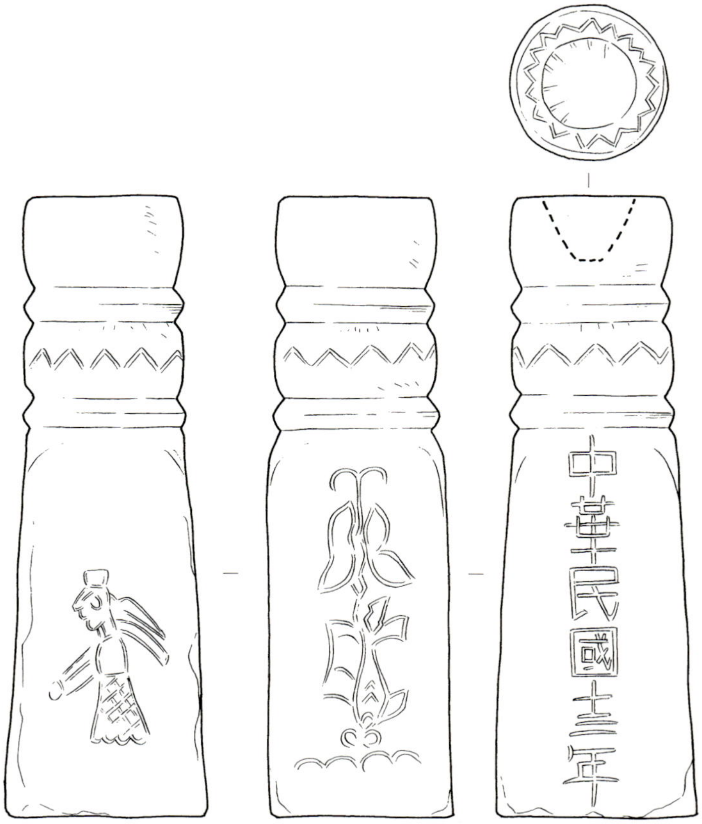

Stone Lamp

The Thirteenth Year of Republic of China (1924)

High 35.3cm, Weight 6kg

235

人物石灯

民国十五年（1926年）
高31厘米，重8千克

Stone Lamp

The Fifteenth Year of Republic of China (1926)

High 31cm, Weight 8kg

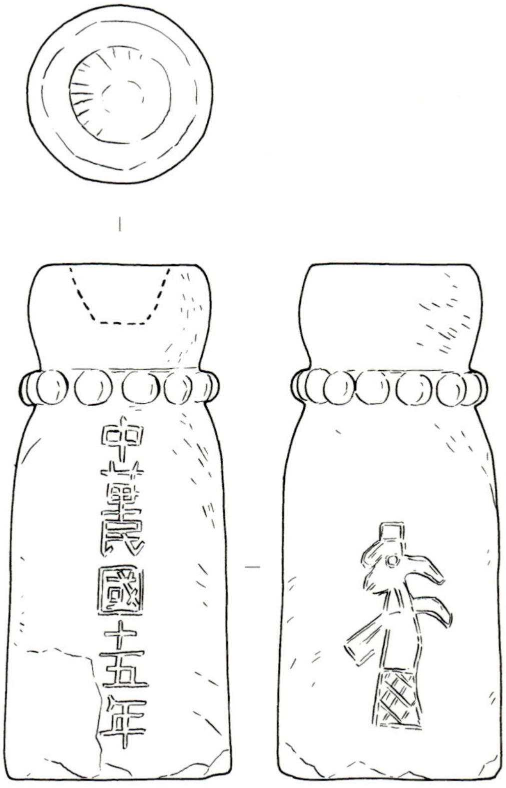

中華民國

236

花卉纹石灯

近代

高 45.5 厘米，重 12.5 千克

Stone Lamp

19 Century — Early 20 Century

Height 45.5cm, Weight 12.5kg

237

花卉纹石灯

近代

高 40 厘米，重 10.2 千克

Stone Lamp

19 Century — Early 20 Century

Height 40cm, Weight 10.2kg

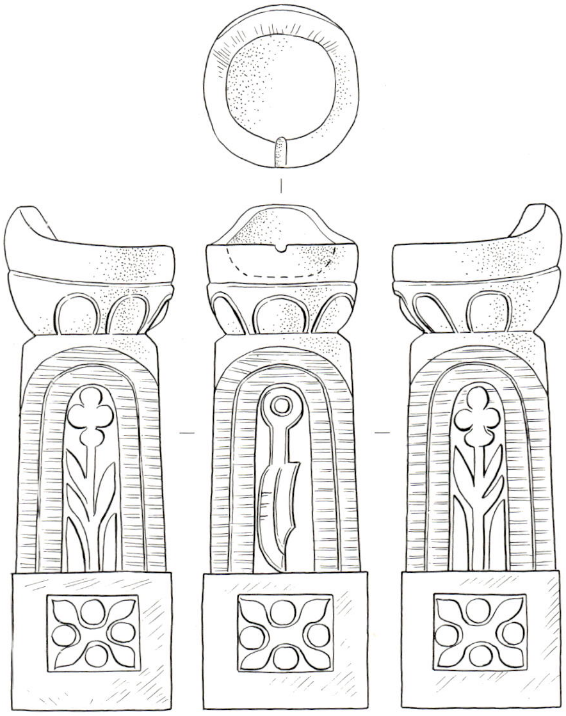

238

花卉纹石灯

近代

高35厘米，重6千克

Stone Lamp

19 Century — Early 20 Century

Height 35cm, Weight 6kg

239

花卉纹石灯

近代

高 25.5 厘米，重 4 千克

Stone Lamp

19 Century — Early 20 Century

Height 25.5cm, Weight 4kg

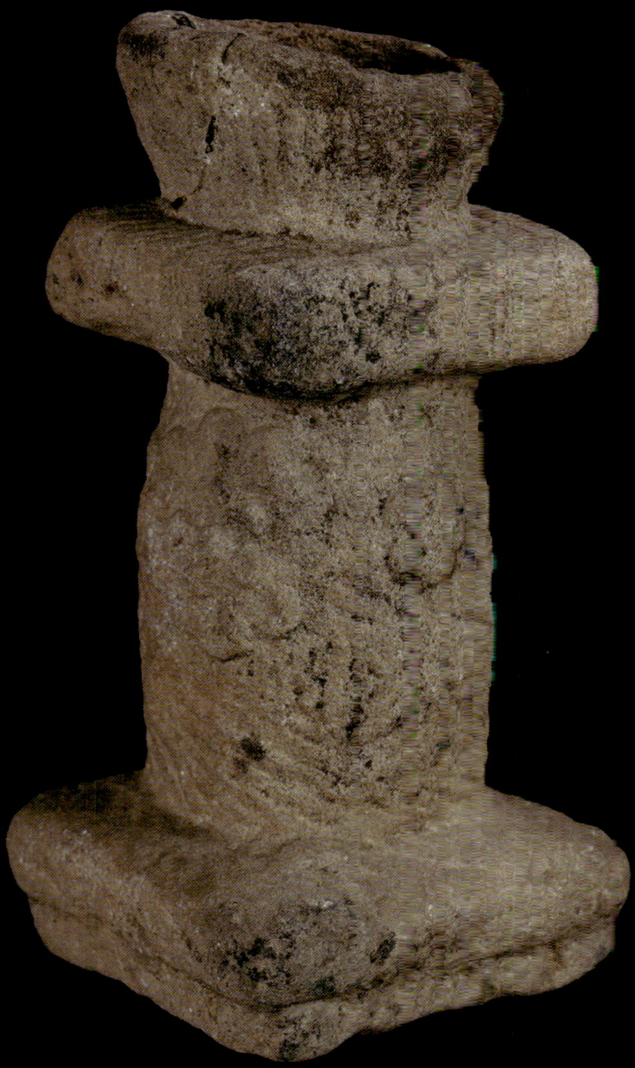

240

瓜棱形石灯

近代

高 29.5 厘米，重 7.5 千克

Stone Lamp

19 Century — Early 20 Century

Height 29.5cm, Weight 7.5kg

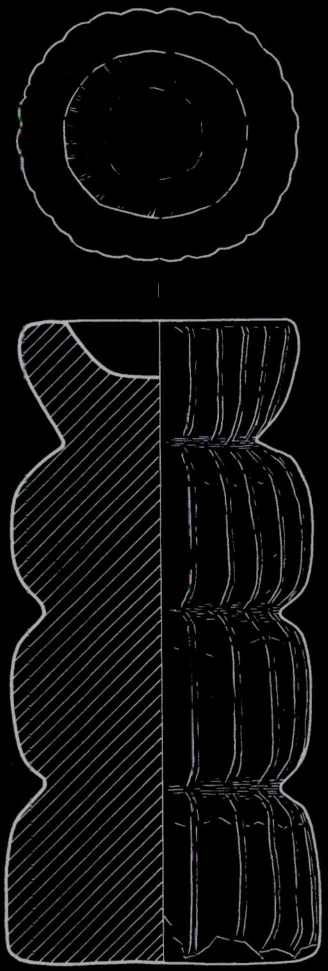

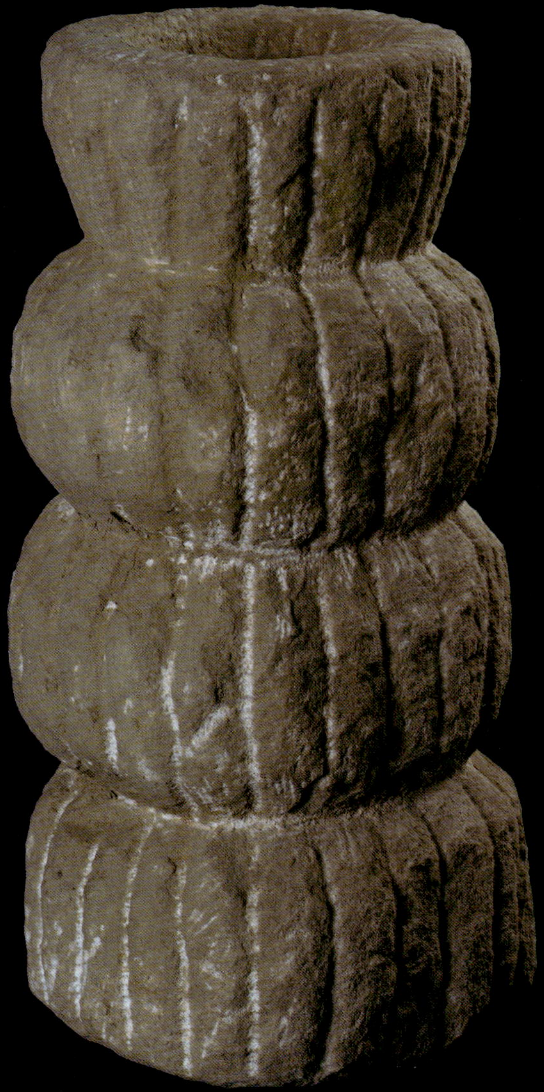

241

仰卧人形石灯

近代

高 20.5 厘米，长 34.5 厘米，

重 11.5 千克

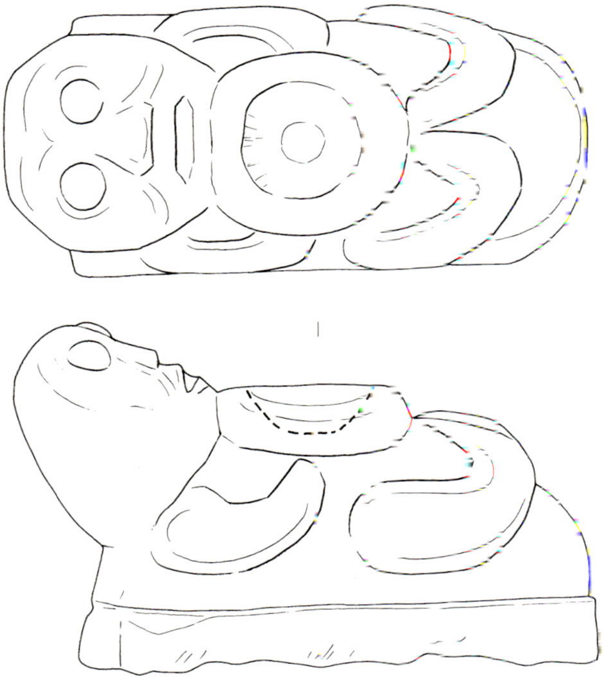

Stone Lamp in the Shape of a Man Lying on Back

19 Century — Early 20 Century

Height 20.5cm, Length 34.5cm, Weight 11.5kg

242

豹斑石（玉）灯与烛台

宋代（960年—1279年）

通高10.2厘米

Jade Lamp/Candleholder

Song Dynasty (960-1279AD)

Height 10.2cm

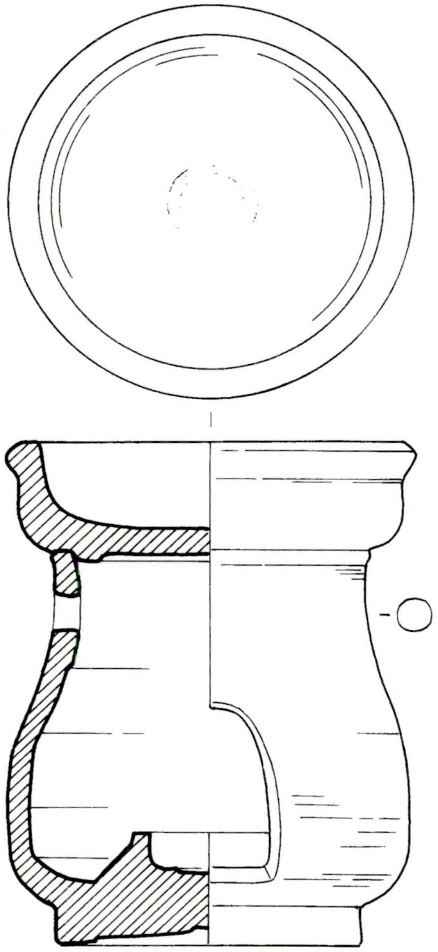

243

南瓜形石烛台一对

近代

高11厘米，直径14厘米，重2.5千克

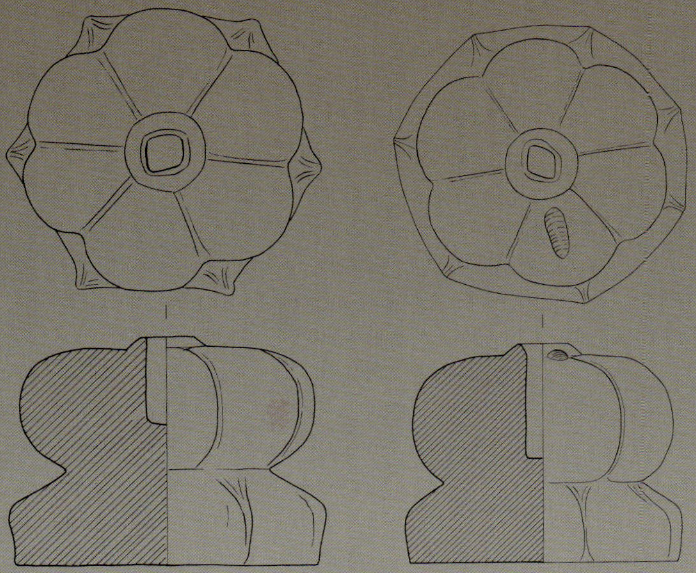

Pumpkin-shaped Stone Candleholders (one pair)

19 Century — Early 20 Century

Height 11cm, Diameter 14cm, Weight 2.5kg

244

汉白玉石灯

近代

高 7.7 厘米，长 12 厘米

Marble Lamp

19 Century — Early 20 Century

Height 7.7cm, Length 12cm

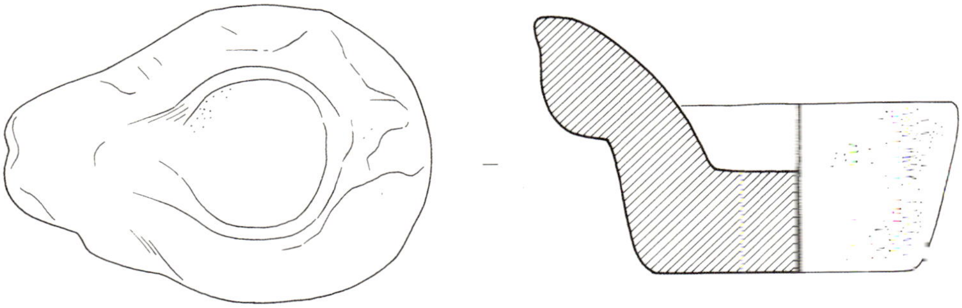

245

三角形石灯

近代

高 2.5 厘米，长 6.7 厘米

Stone Lamp

19 Century — Early 20 Century

Height 2.5cm, Length6.7cm

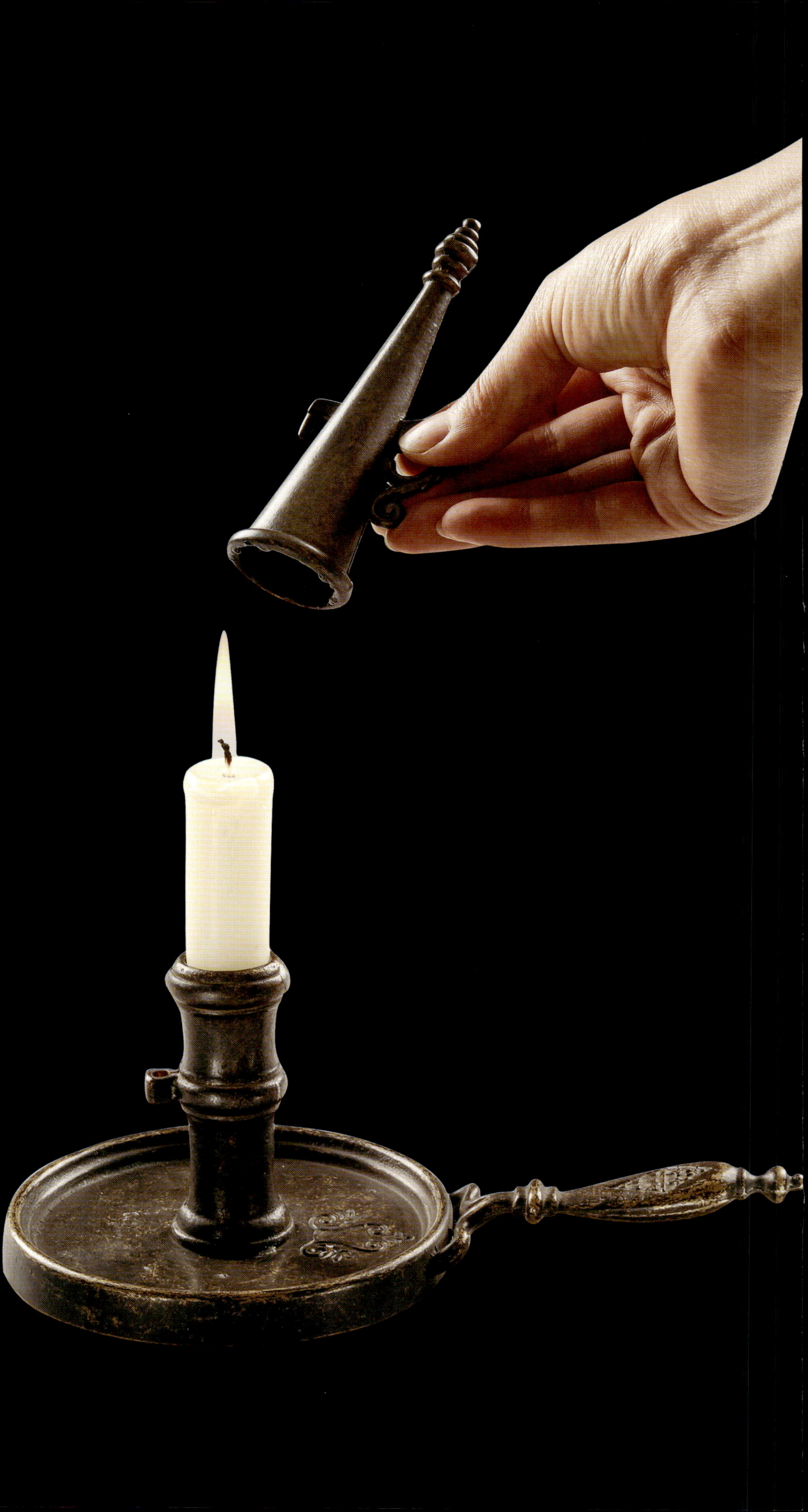

肆

煤油灯及异域灯具

Kerosene Oil Lamps & Foreign Lamps

246

『美孚行』煤油灯

民国

高 20 厘米

Kerosene Oil Lamp

Early 20 Century

Height 20cm

247

煤油铜灯一对

民国

高17厘米

Copper Kerosene Oil Lamp (one pair)

Early 20 Century

Height 17cm

248

鸦片黄铜灯

清末民初

高 7.2 厘米，直径 7.5 厘米

Copper Opium Lamp

Later 19 Century — Early 20 Century

Height 7.2cm, Diameter 7.5cm

249

陶灯

罗马帝国时期（公元前27年—公元476年）

高3.8厘米，长10厘米

Pottery Lamp of Roman

Roman Empire (27BC - 476AD)

Height 3.8cm, Length10cm

250

陶灯

罗马帝国时期（公元前27年—公元476年）

高4.5厘米，长10厘米

Pottery Lamp of Roman

Roman Empire (27BC - 476AD)

Height 4.5cm, Length 10cm

251

青铜灯

近代

通高9.5厘米，长13厘米

Bronze Lamp

19 Century — Early 20 Century

Height 9.5cm, Length 13cm

252

可调节铜烛台

近代

高 20 厘米，升高后达 34.5 厘米

Adjustable Copper Candleholder

19 Century — Early 20 Century

Height 20cm, Height (full stretch) 34.5cm

253

铜烛台

近代

高13厘米，盘径12.2厘米

Copper Candleholder

19 Century — Early 20 Century

Height 13cm, Diameter of saucer 12.2cm

254

玳瑁烛台

近代

高 15 厘米，底径 9.3 厘米

Hawksbill Candleholder

19 Century — Early 20 Century

Height 15cm, Diameter of Stand 9.3cm

255

瓷烛台

近代

高14厘米，盘径9.6厘米

Porcelain Candleholder

19 Century — Early 20 Century

Height 14cm, Diameter of the saucer 9.6cm

256

英国铁路信号灯

高32厘米

近代

British Railway Signal Lamp

19 Century — Early 20 Century

Height 32cm

257

组合式铜烛台与油灯

近代

通高 22 厘米

Joint Copper Candleholder & Lamp

19 Century — Early 20 Century

Height 22cm

〔附录〕 APPENDIX

资料一览表

编号	名称	时代	尺寸	资料来源
1	鸟柱盘形陶灯	战国	高13，盘径20厘米。	洛阳市第二文物工作队：洛阳韩城战国墓发掘简报，文物，2002：11
2	勾连云纹错银豆形玉灯	战国	高13.6，盘径10厘米。	孙建君、高丰：古代灯具，山东科学技术出版社，1998，第20页。
3	多枝陶灯	汉	高24厘米。	麻赛萍：汉代灯具研究，复旦大学博士学位论文，2012 第25页
4	鸟形盘状陶灯	汉	高16厘米。	叶小燕：河南陕县刘家渠汉墓，考古学报，1965：1
5	豆形灰陶灯	汉	高9.8，盘径11.1厘米。	西安市文物保护考古所 郑州大学考古专业：长安汉墓（下），陕西人民出版社，2004.图版132页.
6	豆形彩绘陶灯	汉	高15，盘径13.5厘米。	西安市文物保护考古所：西安龙首原汉墓，西北大学出版社，1999.第56页。
7	豆形酱黄釉陶灯	汉	高8，盘径9.7厘米。	西安市文物保护考古所 郑州大学考古专业：长安汉墓（下），陕西人民出版社，2004.图版223页.
8	豆形酱黄釉陶灯	汉	高9，盘径10厘米。	同上
9	豆形酱黄釉陶灯	汉	高8.3，盘径9.2厘米。	同上
10	豆形酱红釉陶灯	汉	高8.7，盘径9厘米。	张宏彦：中国考古学十八讲，陕西人民出版社，2008.第438页
11	豆形酱釉陶灯	汉	高8.5，盘径8.8厘米。	同上
12	豆形酱釉陶灯	汉	高15.5，盘径13.2厘米。	同上
13	豆形绿釉陶灯	汉	高10.4，盘径11.5厘米。	西安市文物保护考古所 郑州大学考古专业：长安汉墓（下），陕西人民出版社，2004，第606页.
14	豆形狩猎纹釉陶灯	汉	高11.3，盘径10.6厘米。	同上
15	豆形狩猎纹釉陶灯	汉	高10.5，盘径11.3厘米。	同上
16	豆形酱釉陶灯	汉	高11，盘径11.8厘米。	李启良：陕西安康一里坡战国墓清理简报，文物，1992：2
17	豆形青铜灯	汉	高32，盘径19厘米。	咸阳市博物馆：陕西咸阳马泉西汉墓，考古，1979：2
18	豆形青铜灯	汉	高22厘米。	同上
19	豆形青铜灯	汉	高11.5，盘径14.5厘米。	广州市文物管理委员会、西汉南越王墓，文物出版社，1999，第288页。
20	豆形青铜灯	汉	高11.8，盘径9.3厘米。	西安市文物保护考古所：西安龙首原汉墓，西北大学出版社，1999.图版56页。

（续表）

编号	名称	时代	尺寸	资料来源
21	豆形带罩青铜灯	汉	高19，盘径12厘米。	安徽省文物考古研究所、巢湖市文物管理所：巢湖汉墓，文物出版社，2007，第101-103页
22	青铜行灯	汉	高6，盘径8.5厘米。	广西壮族自治区文物工作队：平乐银山岭汉墓，考古学报，1978：4
23	青铜行灯	汉	高7.6，长12.4厘米。	山西省文物工作队、雁北行政公署文化局、大同博物馆：山西浑源毕村西汉木椁墓，文物，1980：6.
24	青铜行灯（辘轳灯）	汉	长14.2，宽6.3，高8厘米。	孙机：汉代物质文化资料图说，文物出版社，1991，第352页。
25	青铜行灯（薰炉灯）	汉	高11.7，长19厘米。	孙机：汉代物质文化资料图说，文物出版社，1991，第353页。
26	铁行灯	汉	高3，长13.4厘米。	西安市文物保护考古所：西安东汉墓，文物出版社，2009，第850页
27	铁吊灯	汉	高3.7，盘径11.4厘米。	洛阳市文物工作队：洛阳发现四座东汉玉衣墓，考古与文物，1999：1
28	豆形石灯	汉	高10.5，口径11.2厘米。	麻赛萍：汉代灯具研究，复旦大学博士学位论文，2012，第47页。
29	豆形绿釉陶灯	魏晋	高10.6，盘径10.2厘米。	徐州博物馆：江苏徐州大庙晋汉画像石墓，文物，2003：4；青海省文物考古研究所：青海省互助县高寨魏晋墓的清理，考古，2002：12.
30	豆形陶灯	魏晋	高11，盘径9厘米。	同上.
31	仰莲酱釉陶灯	隋	高13.3，口径12厘米。	山西省考古研究所等：太原北齐徐显秀墓发掘简报，文物，2003：10.
32	白釉瓷灯	唐	高6.5，口径9.5厘米。	陕西省考古研究所：唐代黄堡窑址，文物出版社，1992，第144页
33	黑釉瓷灯	唐	高6，口径8.5厘米。	陕西省考古研究所：唐代黄堡窑址，文物出版社，1992，第144页
34	青釉瓷灯	唐	高7，口径10.5厘米。	陕西省考古研究所：唐代黄堡窑址，文物出版社，1992，第513页。
35	酱釉瓷灯	唐	高6.5，口径12厘米。	陕西省考古研究所：唐代黄堡窑址，文物出版社，1992，第513页。
36	茶叶末釉灯盏	唐	高3.7，口径10厘米。	陕西省考古研究所：唐代黄堡窑址，文物出版社，1992，第273页。
37	黑釉灯盏	唐	高2.5，口径9厘米。	同上
38	白釉瓷灯	唐-五代	高27.3厘米。	王强：流光溢彩——中国古代灯具设计研究，江苏大学出版社，2009，第351页。
39	青釉瓷灯	宋	高6.6，口径8.4厘米。	陕西省考古研究所、耀州窑博物馆：宋代耀州窑址，文物出版社，1998，第304-306页。
40	青釉瓷灯	宋	高6.2，口径8.3厘米。	同上
41	绿釉瓷灯	宋	高9，口径10厘米。	同上
42	壁挂青白釉瓷灯	宋	高7厘米。	郭灿江：光明使者 灯具，上海文艺出版社，2001，第148页。
43	狮座姜黄釉瓷灯	宋	残高6.2，长7.8厘米。	陕西省考古研究所、耀州窑博物馆：宋代耀州窑址，文物出版社，1998，第311页。
44	五头黑釉瓷灯	宋	高4.2，口径14.5厘米。	王强：流光溢彩——中国古代灯具设计研究，江苏大学出版社，2009，第359页。
45	省油黑釉瓷灯	宋-明	高3.9，口径6.5厘米。	孙建君、高丰：古代灯具，山东科学技术出版社，1998，第104页。
46	黑釉灯盏	元-明	高4，口径10.3厘米。	西安市文史研究馆、西安博物院、西安收藏研究院：古灯，陕西旅游出版社，2009，第81页。
47	黑釉灯盏	元-明	高4.5，口径12厘米。	同上
48	黑釉灯盏	元-明	高4.8，口径10.5厘米。	同上

（续表）

编号	名称	时代	尺寸	资料来源
49	黑陶灯	元	高20厘米。	西安市文史研究馆、西安博物院、西安收藏研究院：古灯，陕西旅游出版社，2009.第30页
50	黑陶灯	元	高13.5厘米。	同上
51	青花瓷罩灯	清	高18.8，口径13.6厘米。	竺惠明：《瘦尽灯花又一宵》，浙江摄影出版社，2011.第53页。
52	山水纹青花瓷灯	清	高21厘米。	西安市文史研究馆、西安博物院、西安收藏研究院：古灯，陕西旅游出版社，2009第88页。
53	长嘴黑釉瓷灯	清	高10.2，长16厘米。	张锡光、耿佃成编著：锡光藏灯，齐鲁书社，2005.第105页。
54	长嘴黑釉瓷灯	清	高9.4，长15厘米。	张锡光、耿佃成编著：锡光藏灯，齐鲁书社，2005.第105页。
55	黑釉瓷灯（两件）	清	通高22厘米， 通高25.5厘米。	西安市文史研究馆、西安博物院、西安收藏研究院：古灯，陕西旅游出版社，2009第95页。
56	黑釉双把手豁嘴灯	清	高18厘米。	张锡光、耿佃成编著：锡光藏灯，齐鲁书社，2005，第95页。
57	黑釉双把手豁嘴灯	清	高18厘米。	同上
58	童子形瓷灯	民国	高18.5厘米。	张锡光、耿佃成编著：锡光藏灯，齐鲁书社，2005.第133页
59	黑釉瓷灯	清末民初	高40厘米。	山西地域多见这类灯的传世品
60	寿字铜灯（一对）	清末民初	高20.4厘米。	竺惠明：瘦尽灯花又一宵，浙江摄影出版社，2011.第104页。
61	铜灯与烛台三件套	清末民初	灯高60厘米，烛台高47.5厘米。	蓝蔡美娟编著：古龙轩藏品录 万年灯火，岭南美术出版社，2012.第139页
62	壶形铜灯与烛台（两用）	清末民初	高28厘米。	西安市文史研究馆、西安博物院、西安收藏研究院：古灯，陕西旅游出版社，第139页
63	莲花形铁灯	清	高29.5厘米，容积：1450毫升	光绪十三年题款
64	长杆铁灯	清	高40厘米。	西安市文史研究馆、西安博物院、西安收藏研究院：古灯，陕西旅游出版社，2009第118页
65	长杆铁灯	清	高39.5厘米。	同上
66	罐形铁灯	清末民初	高11.8，口径15厘米。 容积1200毫升。	竺惠明：《瘦尽灯花又一宵》，浙江摄影出版社，2011.第85页
67	钟形锡灯	清末民初	高9.6厘米。	西安市文史研究馆、西安博物院、西安收藏研究院：古灯，陕西旅游出版社，2009.第151页
68	铁柄黑釉瓷灯	清末民初	高4.8，长43.5厘米。	西安市文史研究馆、西安博物院、西安收藏研究院：古灯，陕西旅游出版社，2009.第94页
69	铁插黑釉瓷灯	清末民初	高8，长22.5厘米。	西安市文史研究馆、西安博物院、西安收藏研究院：古灯，陕西旅游出版社，2009.第95页
70	靴子形黄釉陶灯	近代	长18，高10.5厘米。	薛红艳：中国灯具艺术研究，上海人民出版社，2017，132页。
71	石灯屏	清	高29，长39厘米。 重18千克。	同治六年题款
72	椅子形竹灯	民国	高30厘米。	西安市文史研究馆、西安博物院、西安收藏研究院：古灯，陕西旅游出版社，2009.，第158页。
73	胡人抱子绿釉烛台	汉	残高18.6厘米。	李侃：战国秦汉灯具研究，西南大学硕士学位论文，2011.第76页。
74	青瓷烛台	隋	高8.2厘米。	孟宪武、李贵昌：河南安阳市两座隋墓发掘报告，考古，1992：1.
75	黑陶烛台	元	高17厘米。	陕西省考古研究院：西安南郊大朝刘黑马墓发掘简报，考古与文物，2015：4
76	黑釉烛台	清	高13.5厘米。	耀州窑博物馆、陕西省考古研究所、铜川市考古研究所：立地坡、上店耀州窑址，三秦出版社，2004，第211页。

（续表）

编号	名称	时代	尺寸	资料来源
77	黑釉烛台	清	高12厘米。	同上
78	黑釉烛台	清	高11.3厘米。	同上
79	黑釉烛台	清	高13.2厘米。	同上
80	蓝釉烛台一对	清	高20厘米。	西安市文史研究馆、西安博物院、西安收藏研究院：古灯，陕西旅游出版社，2009，第9[illegible]页。
81	梯形青花烛台	清	高13.5厘米，重1.2千克。	同治八年题款
82	梯形青花烛台	清	高13.5厘米。	同治十年题款
83	梯形青花烛台	清	高7厘米。	光绪三年题款
84	梯形青花烛台	清	高9.3厘米。	光绪三年题款
85	梯形青花烛台	清	高9厘米。	光绪十九年题款
86	梯形青花烛台	清	高10.4厘米。	西安市文史研究馆、西安博物院、西安收藏研究院：古灯，陕西旅游出版社，2009
87	鼓形青花烛台	清	高5.5厘米。	光绪丁亥年题款
88	鼓形青花烛台	清	高6.5厘米。	光绪庚寅题款
89	鼓形青花烛台	清	高6.5厘米。	光绪二十七年题款
90	鼓形青花烛台一对	清	高8厘米。	光绪丁未年题款
91	猫形瓷烛台	近代	高19厘米。	蓝蔡美娟编著：古龙轩藏品录·万年灯火，岭南美术出版社，2012，第45页。
92	狮形瓷烛台	近代	高23.5厘米。	张锡光、耿佃成编著：锡光[illegible]汇，齐鲁书社，2005，第22页。
93	梯形青花烛台	民国	残高10.1厘米	民国戊午年题款（1918年）
94	蜡插式铜烛台	清末	高16.5厘米。	西安市文史研究馆、西安博物院、西安收藏研究院：古灯，陕西旅游出版社，2009，第135页。
95	可调节铜烛台	清末	高9.5厘米。	蓝蔡美娟编著：古龙轩藏品录·万年灯火，岭南美术出版社，2012，第144页。
96	木烛台一对	清	高32厘米。	"绪廿六"题款
97	寿字形锡烛台	民国	高31.5厘米。	西安市文史研究馆、西安博物院、西安收藏研究院：古灯，陕西旅游出版社，2009，第[illegible]4[illegible]页。
98	寿字形锡烛台	民国	高22厘米。	同上
99	福字形锡烛台一对	民国	高18厘米。	西安市文史研究馆、西安博物院、西安收藏研究院：古灯，陕西旅游出版社，2009，第[illegible]48页。
100	造像碑形石灯	北朝	高32厘米，重6千克。	西安碑林博物馆：西安碑林佛教造像艺术，陕西师范大学出版社，2010，第7页。
101	造像碑形石灯	北朝	高24.5厘米，重6.1千克。	西安碑林博物馆：西安碑林佛教造像艺术，陕西师范大学出版社，2010，第52页。
102	中心塔柱亭式石灯	北朝	高23.5厘米，重4.5千克。	中国大百科全书编辑部编：中国大百科全书·考古学，中国大百科全书出版社，1936，第[illegible]98页
103	四门塔式石灯	北朝	高27厘米，重6千克。	同上
104	四门塔式石灯	北朝	高25厘米，重11千克。	同上

（续表）

编号	名称	时代	尺寸	资料来源
105	四门塔式石灯	北朝	高26.7厘米，重11千克。	同上
106	中心塔柱亭式石灯	北朝	高21厘米，重7千克。	同上
107	中心塔柱亭式石灯	北朝	高39厘米，重9千克。	同上
108	中心塔柱亭式石灯	北朝	高37厘米，重9.1千克。	同上
109	亭阁式石灯	北朝	高32.5厘米，重5千克。	同上
110	亭阁式石灯	北朝	高32.5厘米，重14.5千克。	中国科学院土木建筑研究所、清华大学建筑系：中国建筑，文物出版社，第20页。 1957，常青：中国古塔的艺术历程，陕西人民出版社，1998，第68页。
111	四门塔式石灯	北朝	高32.5厘米，重16千克。	同上
112	四门塔式石灯	北朝	高37.5厘米，重13千克。	同上
113	四门塔式石灯	北朝	高35.5厘米，重10.5千克。	同上
114	四门塔式石灯	北朝	高33厘米，重6.5千克。	同上
115	塔式石灯	北朝	高62厘米，重18千克。	同上
116	方柱形石灯	近代	高27厘米，重16.2千克。	
117	房屋形石灯	近代	高26厘米，重6千克。	
118	方柱形石灯	近代	高35.5厘米，重6千克。	
119	方柱形石灯	近代	高36厘米，重15千克。	
120	方柱形石灯	近代	高30厘米，重9千克。	
121	方柱形石灯	近代	高32.5厘米，重13千克。	
122	四龙抱柱石灯	近代	高34.5厘米，重12.5千克。	
123	礼佛图石灯	北朝	高44.5厘米，重9千克。	沈从文：中国古代服饰研究，上海书店出版社，1997. 李宏刚：云岗石窟忍冬纹、莲花纹、火焰纹纹饰流变探微，山西大同大学学报，2013：2.
124	火焰纹石灯	北朝	高36厘米，重8千克。	同上
125	火焰纹石灯	北朝	高49厘米，重12.5千克。	同上
126	火焰纹石灯	北朝	高44厘米，重10千克。	同上
127	火焰纹石灯	北朝	高37厘米，重7.5千克。	同上
128	火焰纹石灯	北朝	高45厘米，重10.7千克。	同上
129	妇人形石灯	汉	高36厘米，重13千克。	陕西省考古研究所编：汉阳陵，重庆出版社，2001 第9页
130	人面兽形石灯	北朝	高28厘米，重10千克。	西安碑林博物馆编：西安碑林博物馆，陕西人民出版社，2000，第140页。
131	胡人石灯	唐	高50.5厘米，重14千克。	程旭：唐韵胡风，文物出版社，2016，第13页。
132	胡人石灯	唐	高44.5厘米，重11千克。	同上

（续表）

编号	名称	时代	尺寸	资料来源
133	胡人石灯	唐	高42厘米，重10千克。	同上
134	胡人石灯	唐	高36厘米，重10.5千克。	同上
135	胡人石灯	唐	高33.7厘米，重9千克。	同上
136	胡人石灯	唐	高42厘米，重8千克。	同上
137	胡人石灯	唐	高41厘米，重10.3千克。	同上
138	胡人石灯	唐	高39，5厘米，重7.1千克。	同上
139	胡人抱子石灯	唐	高38厘米，重9千克。	程旭：唐韵胡风，文物出版社，2016，第13页。
140	胡人抱子石灯	唐	高38.5厘米，重11.1千克。	同上
141	胡人抱子石灯	唐	高48厘米，重15千克。	同上
142	胡人背子石灯	唐	高43厘米，重15千克。	同上
143	胡人石灯	唐	高52厘米，重19.8千克。	乾陵博物馆：丝路胡人外来风——唐代胡俑展，文物出版社，2008，第14页。
144	胡人石灯	唐	高49.5厘米，重19千克。	同上
145	胡人石灯	唐	高45厘米，重15千克。	同上
146	胡人石灯	唐	高50厘米，重26.5千克。	同上
147	胡人石灯	唐	高40厘米，重16.8千克。	同上
148	胡人石灯	唐	高55.5厘米，重23千克。	同上
149	胡人石灯	唐	高40.7厘米，重18.5千克。	同上
150	胡人石灯	唐	高39厘米，重19千克。	同上
151	胡人石灯	唐	高43.5厘米，重16.2千克。	同上
152	骑兽胡人石灯	唐	高44厘米，重13.5千克。	同上
153	骑兽胡人石灯	唐	高41厘米，重11.6千克。	同上
154	人形石灯	唐	高34厘米，重9千克。	沈从文：中国古代服饰研究，上海书店出版社，1997，第238页。
155	人形石灯	唐	高61厘米，重35千克。	孙机：近年内蒙古出土的突厥与突厥式金银器，中国圣火，辽宁教育出版社，1996，第2[illegible]页。
156	人形石灯	唐	高48.5厘米，重29千克。	周天游主编：唐墓壁画研究文集，三秦出版社，2003，第202页。
157	人面兽身石灯	唐	高37厘米，重8千克。	陕西省考古研究所编：陕西新出土文物选粹，重庆出版社，1998，第82页。
158	人面兽身石灯	近代	高35厘米，重7千克。	
159	人面兽身石灯	近代	高35.5厘米，重7.5千克。	
160	人面兽身石灯	近代	高38.5厘米，重8千克。	
161	人面兽身石灯	近代	高54厘米，重21千克。	

（续表）

编号	名称	时代	尺寸	资料来源
162	供养人石灯	唐	高32.5厘米，重6.5千克。	乾陵博物馆：丝路胡人外来风——唐代胡俑展，文物出版社，2008，第14页。
163	供养人石灯	唐	高45厘米，重17.5千克。	同上
164	供养人石灯	唐	高48.5厘米，重27千克。	同上
165	供养人石灯	唐	高44厘米，重15千克。	同上
166	供养人石灯	唐	高50.5厘米，重25千克。	同上
167	人物石灯	唐	高47.5厘米，重16千克。	同上
168	人物石灯	唐	高45厘米，重24千克。	同上
169	人物石灯	唐	高49厘米，重19千克。	同上
170	人物石灯	唐	高48.8厘米，重16千克。	同上
171	人物石灯	唐	高37厘米，重12千克。	同上
172	人物石灯	唐	高38厘米，重14千克。	同上
173	人物石灯	唐	高47.5厘米，重18.5千克。	同上
174	人物石灯	唐	高43厘米，重14.3千克。	同上
175	人物石灯	近代	高44.7厘米，重15千克。	
176	人物石灯	唐	高38厘米，重10千克。	乾陵博物馆：丝路胡人外来风——唐代胡俑展，文物出版社，2008，第14页。
177	男女合体石灯	近代	高34.5厘米，重11千克。	
178	母子猴石灯	清	高40厘米，重14千克。	西安碑林博物馆编：西安碑林博物馆，陕西人民出版社，2000
179	母子猴石灯	清	高37厘米，重7.9千克。	同上
180	母子猴石灯	清	高32厘米，重8.5千克。	同上
181	母子猴石灯	清	高48厘米，重15.5千克。	同上
182	母子猴石灯	清	高45.6厘米，重14千克。	同上
183	母子猴石灯	清	高47.5厘米，重19千克。	同上
184	母子猴石灯	清	高37厘米，重11.5千克。	同上
185	猴抱树石灯	清	高40厘米，重7.3千克。	同上
186	猴抱树石灯	清	高45厘米，重11千克。	同上
187	猴抱树石灯	清	高41.5厘米，重8.5千克。	同上
188	猴抱桃子石灯	清	高37厘米，重13.5千克。	同上
189	猴抱桃子石灯	清	高40厘米，重11.3千克。	同上
190	猴抱桃子石灯	清	高49.5厘米，重16千克。	同上

（续表）

编号	名称	时代	尺寸	资料来源
191	四猴抱柱石灯	清	高37厘米，重11.5千克。	同上
192	猴石灯	清	高34.5厘米，重7千克。	同上
193	猴石灯	清	高35厘米，重6.5千克。	同上
194	猴石灯	清	高35.3厘米，重9.5千克。	同上
195	猴石灯	清	高42.7厘米，重10.5千克。	同上
196	猴石灯	清	高38厘米，重11.3千克。	同上
197	猴石灯	清	高35厘米，重11千克。	同上
198	猴石灯	清	高40厘米，重11千克。	同上
199	猴石灯	清	高42厘米，重14千克。	同上
200	猴石灯	清	高46厘米，重15.5千克。	同上
201	猴石灯	清	高48.5厘米，重21千克。	同上
202	猴石灯	清	高29厘米，重8.7千克。	同上
203	猴石灯	清	高34.3厘米，重14.3千克。	同上
204	猴石灯	清	高37.4厘米，重10千克。	同上
205	猴石灯	清	高28厘米，重4千克。	同上
206	猴石灯	清	高23厘米，重5千克。	同上
207	猴形双碗石灯	清	高32.3厘米，重7.5千克。	同上
208	鸡形石灯	近代	高30.5，长42厘米，重16.6千克。	
209	狗形石灯	近代	高28，长33厘米，重16千克。	
210	兽形石灯	近代	高34.7厘米，重10千克。	
211	兽形石灯	近代	高47厘米，重14.5千克。	
212	兽形石灯	近代	高36厘米，重7千克。	
213	兽形石灯	近代	高34厘米，重9千克。	
214	兽形石灯	近代	高37.3厘米，重8.5千克。	
215	兽形石灯	近代	高45.5厘米，重17千克。	
216	兽形石灯	近代	高35.5厘米，重8.5千克。	
217	兽形石灯	近代	高35.5厘米，重7千克。	
218	双面兽形石灯	近代	高34.5厘米，重6.5千克。	
219	兽形石灯	近代	高45厘米，重16.5千克。	

（续表）

编号	名称	时代	尺寸	资料来源
220	兽形石灯	近代	高35厘米，重6千克。	
221	兽形石灯	近代	高28.5，长40厘米，重22千克。	
222	兽形石灯	近代	高34.5厘米，重6千克。	
223	人面兽身双碗石灯	近代	高28.5厘米，重12.5千克。	
224	四狮子石灯	近代	高36厘米，重10千克。	
225	四狮子石灯	近代	高23.5厘米，重6.5千克。	
226	莲花纹石灯	宋	高44厘米，重55.4千克。	“宣和五年二月二十九日平龙村贾乂自法心出□□一贯”铭文款
227	莲花纹石灯	近代	高17.6厘米，重4.5千克。	
228	莲花纹石灯	近代	高31厘米，重21千克。	
229	莲花纹石灯	近代	高43厘米，重13千克。	
230	莲花纹石灯	近代	高48厘米，重20千克。	
231	连涞纹石灯	唐	高35.5厘米，重10.5千克。	薄小莹：吐鲁番地区发现的连珠纹织物，纪念北京大学考古专业二十年论文集，文物出版社1990，第311页。
232	连涞纹石灯	近代	高38.5厘米，重7千克。	
233	须弥座石灯	唐	高15厘米，重4千克。	陕西省考古研究所、法门寺博物馆、宝鸡市文物局、扶风县博物馆编著：法门寺考古发掘报告，文物出版社，2007，第238页。
234	花卉人物石灯	民国	高35.3厘米，重6千克。	中华民国十三年题款
235	人物石灯	民国	高31厘米，重8千克。	中华民国十五年题款
236	花卉纹石灯	近代	高45.5厘米，重12.5千克。	
237	花卉纹石灯	近代	高40厘米，重10.2千克。	
238	花卉纹石灯	近代	高35厘米，重6千克。	
239	花卉纹石灯	近代	高25.5厘米，重4千克。	
240	瓜棱形石灯	近代	高29.5厘米，重7.5千克。	
241	仰卧人形石灯	近代	高20.5，长34.5厘米，重11.5千克。	
242	斑豹石（玉）灯与烛台	宋	高10.2厘米。	陕西省咸阳市文物局编：咸阳文物精华，文物出版社，2002，第58页。
243	南瓜形石烛台一对	近代	高11厘米，直径14厘米，重2.5千克。	
244	汉白玉石灯	近代	高7.7厘米，长12厘米。	
245	三角形石灯	近代	高2.5厘米，长6.7。	
246	“美孚灯”煤油灯	民国	高20厘米。	薛艳红：中国灯具艺术研究，上海人民出版社，2017，第81页。

（续表）

编号	名称	时代	尺寸	资料来源
247	煤油铜灯一对	民国	高17厘米。	张锡光、耿佃成编著：锡光痕灯，齐鲁书社，2005.
248	鸦片黄铜灯	清末民初	高7.2，直径7.5厘米。	竺惠明：《瘦尽灯花又一宵》，浙江摄影出版社，2011.
249	陶灯	罗马帝国时代	高3.8，长10厘米。	中国国家文物局、意大利文化遗产与艺术活动部编：秦汉罗马文明展，文物出版社，2009，第260页。
250	陶灯	罗马帝国时代	高4.5厘米，长10厘米	同上
251	青铜灯	近代	高9.5，长13厘米。	
252	可调节铜烛台	近代	高20，升高后达34.5厘米。	
253	铜烛台	近代	高13，盘径12.2厘米。	
254	玳瑁烛台	近代	高15，底径9.3厘米。	
255	瓷烛台	近代	高14，盘径9.5厘米。	
256	英国铁路信号灯	近代	高32厘米。	
257	组合式铜烛台与油灯	近代	高22厘米。	竺惠明：《瘦尽灯花又一宵》，浙江摄影出版社，2011，第80页。

后记

POSTSCRIPT

本书所收录的灯具，均源自“儒室灯堂”的藏品。我们从“儒室灯堂”的灯具藏品中，选择了不同质地与类型的灯具257件（组），兼顾时代，力图较为全面地展现出中国古代灯具的发展脉络及其时代特征。我们希望本书的出版，能为灯具研究者，提供一份翔实的灯具图录资料。

笔者长期从事文博工作，对古代人类遗留下来的各种器物有一种特殊的关注。因为古代遗物集中地反映了古代人类社会的社会经济与生活状态，我们从各类器物的研究当中，可以验证人类社会发展的历程。

灯具，自古至今都是人们生活中不可须臾离开的必备物品。不同时代与不同阶层的人们对灯具的各种需求，从一个侧面形象地展现出了各个时代处于不同社会地位的人们的具体物质文化生活情景及其演进过程。我相信，通过对质地与类型异彩纷呈的古代灯具的分析研究，不仅可以使人们了解灯具自身的历史发展脉络以及感受它独特的艺术魅力，而且，对于整个古代器物即物质文化的研究探索而言，那一盏灯火，同样也会起到烛幽探微的积极作用。

本书的出版，凝聚了许多人的心血。首先，我们要衷心感谢美国大都会博物馆孙志新博士，欣然应邀作序，为本书增色赋彩；其次，感谢陕西历史博物馆原副馆长王彬研究员、首都博物馆高小龙研究员，通阅全书，给出评审意见；感谢陕西省文物保护研究院杜文研究员宝贵的修改建议。最后，特别感谢文物出版社的大力支持。

相信本书中这些流光溢彩的各种灯具，将会吸引那些有志于探寻古代物质文明的人们。限于笔者的学识能力，本书脱略讹误之处在所难免，诚望识者不吝指教。

韩钊

2023年6月6日